Sans frontières 9e

Cahier
Academic Course, Grade 9

Fran Catenacci

Art Coulbeck

Robert Hart

Linda Hendry

Salwa Khouzam

Carolyn Muirhead

Jennifer Robertson

Michael Salvatori

Bryan Smith

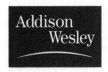

Une rubrique de Pearson Education Canada

Don Mills, Ontario – Reading, Massachusetts – Harlow, Angleterre – Glenview,
Illinois – Melbourne, Australie

Sans frontières 9ᵉ Cahier

Directrice de la recherche, du développement et du marketing : Hélène Goulet

Directrice de l'édition, cycle secondaire : Paula Goepfert

Chargées de projet : Laura Jones, Caroline Kloss, Andria Long

Production/Rédaction : Nadia Chapin, Marie Cliche, Jonathan Furze, Tanjah Karvonen

Révisions linguistiques : Édouard Beniak, Pauline Cyr, Christiane Roguet

Coordonnatrice : Helen Luxton

Conception graphique : Pronk&Associates

Couverture : Pronk&Associates

Photographie : Ray Boudreau

Photos : pp. 85, 90 : Stephen Marshall/University of Guelph, Artbase, Inc.; p. 109 : Underwood & Underwood/CORBIS/MAGMA, Artbase, Inc.; p. 110 : Artbase, Inc.; p. 117 : Hulton Getty/Liaison Agency; p. 118 : The Mariners' Museum/CORBIS; p. 137 : Artbase, Inc.; p. 138 : Susan Leopold/Masterfile, Artbase, Inc.; p. 175 : Artbase, Inc.

Illustrations : Graham Bardell, David Bathurst, Don Gauthier, Paul Gilligan, Von Glitschka, Stephen Harris, Michael Herman, Bernadette Lau, Ted Nasmith, Clarence Porter

Nous tenons à remercier tout particulièrement les enseignants, enseignantes, conseillers et conseillères pédagogiques pour leurs précieuses contributions à ce projet.

ISBN 0-201-68501-9

Imprimé au Canada

Ce livre est imprimé sur du papier sans acide.

A B C D E F WC 05 04 03 02 01 00

Moi-même.com

Mon vocabulaire personnel

Utilise ces pages pour noter le vocabulaire nécessaire pour faire le travail de cette unité. Ces pages sont à toi. Tu peux inscrire tous les mots que tu veux.

1. Pour décrire la personnalité de quelqu'un :

créatif/créative, gentil/gentille

_____

_____

_____

_____

_____

2. Pour parler des intérêts et des passe-temps :

faire de la peinture, jouer au hockey

_____

_____

_____

_____

_____

3. Pour parler de la routine quotidienne :

s'habiller, se lever

_____

_____

_____

_____

_____

Moi-même.com

4. Pour parler des jeunes entrepreneurs ou des emplois :

un emploi à temps partiel,   un service

_____

_____

_____

_____

_____

5. Pour parler du bénévolat :

un/une bénévole,   faire du bénévolat

_____

_____

_____

_____

_____

6. D'autres mots ou expressions utiles :

_____

_____

_____

_____

_____

_____

_____

_____

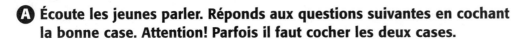
A Écoute les jeunes parler. Réponds aux questions suivantes en cochant la bonne case. Attention! Parfois il faut cocher les deux cases.

	Andrew	Solène
1. Qui est aventureux ou aventureuse?		
2. Qui est sportif ou sportive?		
3. Qui est créatif ou créative?		
4. Qui s'intéresse à la musique?		
5. Qui est travailleur ou travailleuse et discipliné(e)?		

B Écoute les jeunes une deuxième fois et prends note de leurs intérêts et de leurs activités dans le tableau suivant.

	Musique	Sports	Autre
Andrew			
Solène			

UNITÉ 1 : Moi-même.com

A **Chaque prénom a un sens unique. Choisis cinq prénoms dans la liste suivante et invente une description pour chacun. Laisse aller ton imagination!**

Exemple : Edsel   *Quelqu'un qui aime les voitures.*

Abigail	Clyde	Dagmar
Ivanhoe	Izzie	Olaf
Uma	Waldo	Zelda

1. _____

2. _____

3. _____

4. _____

5. _____

B **Certains restaurants donnent à leurs plats les noms de personnes célèbres. Imagine un restaurant où toutes les pizzas portent le nom d'une personne ou d'un personnage célèbre. Quels ingrédients garnissent les pizzas suivantes?**

1. La pizza Madonna : _____

2. La pizza Jacques-Cartier : _____

3. La pizza Neptune : _____

4. La pizza Popeye : _____

5. La pizza _____ (ton choix) : _____

A Écoute les phrases et encercle le bon adjectif. Attention! Est-ce que l'adjectif est au féminin ou au masculin, au singulier ou au pluriel?

	Singulier		Pluriel	
1.	sportif	sportive	sportifs	sportives
2.	travailleur	travailleuse	travailleurs	travailleuses
3.	impulsif	impulsive	impulsifs	impulsives
4.	gentil	gentille	gentils	gentilles
5.	généreux	généreuse	généreux	généreuses
6.	actif	active	actifs	actives
7.	intuitif	intuitive	intuitifs	intuitives
8.	sérieux	sérieuse	sérieux	sérieuses

B Écoute les phrases encore une fois et encercle la bonne illustration.

1. a)   b)   5. a)   b)

2. a)   b)   6. a)   b)

3. a)   b)   7. a)   b)

4. a)   b)   8. a)   b)

Écoutons! **Les jumeaux Bardell** 🔘

Écoute bien le paragraphe. Écris les adjectifs que tu entends. N'oublie pas de faire les accords.

Audrey et Nicolas Bardell sont jumeaux. Mais leurs personnalités sont tout à

fait _____. Audrey n'aime pas l'aventure, mais Nicolas est très

_____. Il aime faire de l'escalade et de la planche à neige. Sa

grand-mère dit qu'il est _____ parce qu'il aime les sports

extrêmes. Audrey, d'autre part, est une fille _____ qui aime les

arts. Elle est très _____

et _____ en ce qui

concerne ses études. Elle veut devenir

écrivaine de livres pour enfants. Audrey

et Nicolas sont tous les deux

_____ et

_____. Deux fois par

an, ils s'habillent en clown et visitent les

enfants à l'hôpital. Les enfants disent

qu'ils sont très _____.

Écrivons! **Une description**

Sur les lignes ci-dessous, fais une description d'une personne de ton choix. Cette personne peut être un ami ou une amie, une célébrité ou un personnage fictif.

_____

_____

_____

_____

_____

_____

_____

_____

Utilise ces pages pour interviewer ton ou ta partenaire.

A D'abord, choisis la bonne expression dans la liste pour compléter toutes les questions.

B Puis, pose les questions à ton ou ta partenaire et encercle ses réponses.

Nom de mon ou de ma partenaire : _____

Est-ce que tu joues...

1. _____?   oui   non

2. _____?   oui   non

3. _____?   oui   non

4. _____?   oui   non

5. _____?   oui   non

6. _____?   oui   non

au soccer	du patin à roues alignées	du cyclisme	de la peinture
de la natation	au baseball	au basket-ball	du patin
de la sculpture	au hockey	d'un instrument de musique	
au tennis	de la planche à neige		

Est-ce que tu fais...

1. _____?   oui   non

2. _____?   oui   non

3. _____?   oui   non

4. _____?   oui   non

5. _____?   oui   non

6. _____?   oui   non

7. _____?   oui   non

C Pose les questions suivantes à ton ou ta partenaire et note ses réponses.

1. Quelles autres activités t'intéressent?

_____

2. Quels sont les trois traits de caractère qui te décrivent bien?

_____

3. As-tu un emploi à temps partiel? Si oui, que fais-tu?

_____

_____

A **Écoute les jeunes parler de leurs projets pour la fin de semaine. Indique si les phrases suivantes sont *vraies* ou *fausses*.**

1. Jeanne va aller à un restaurant indien.   vrai   faux

2. Jeanne va commander du bœuf au curry.   vrai   faux

3. Paul adore la cuisine épicée.   vrai   faux

4. Paul joue au hockey le dimanche.   vrai   faux

5. Le samedi, Paul a trois matchs de soccer.   vrai   faux

6. Jeanne pense que Paul déteste le soccer.   vrai   faux

7. Mélanie doit compléter son projet de français.   vrai   faux

8. Mélanie va aller à la bibliothèque pour faire des recherches. vrai   faux

B **Maintenant, écoute la conversation encore une fois et réponds aux questions suivantes. Justifie ta réponse. Puis, décris la personnalité de chaque élève.**

1. Est-ce que Jeanne préfère la nourriture épicée?

_____

_____

En un mot, donne un trait de caractère qui décrit Jeanne. Elle est _____

_____ .

2. Est-ce que Paul aime faire du sport?

_____

_____

En un mot, donne un trait de caractère qui décrit Paul. Il est _____

_____ .

3. Est-ce que Mélanie veut avoir une bonne note pour son projet d'histoire?

_____

_____

En un mot, donne un trait de caractère qui décrit Mélanie. Elle est _____

_____ .

Écoute les phrases et encercle le pronom réfléchi que tu entends.

1.	me	te	se	nous	vous
2.	me	te	se	nous	vous
3.	me	te	se	nous	vous
4.	me	te	se	nous	vous
5.	me	te	se	nous	vous
6.	me	te	se	nous	vous
7.	me	te	se	nous	vous
8.	me	te	se	nous	vous

• **Écrivons!** **S'habiller ou mettre?**

Complète chaque phrase en utilisant le verbe *s'habiller* ou *mettre*. N'oublie pas, s'il s'agit de vêtements (par exemple, un jean), il faut utiliser *mettre*.

Exemple : Je m'habille rapidement. Je mets un jean noir pour sortir avec mes amis.

1. Le matin, mon père _____ dans le noir parce que la lumière

   lui fait mal aux yeux. Parfois, il _____ des chaussettes

   de couleurs différentes parce qu'il ne peut rien voir!

2. Tu _____ encore? Mais tu _____ ton

   chandail à l'envers!

3. En hiver, nous _____ chaudement parce qu'il fait

   très froid. Nous _____ des manteaux, des foulards, des gants

   et des bottes.

4. Ma mère n'aime pas la façon dont je _____.

   Je _____ souvent des vêtements bizarres.

5. Les gens qui _____ un uniforme tous les jours doivent aimer

   les fins de semaine quand ils _____ comme ils veulent!

Voici la routine matinale des deux sœurs, Aida et Fatima. Aida a 15 ans et Fatima a 11 ans.

A Les images suivantes ne sont pas dans le bon ordre. Mets-les dans l'ordre chronologique en numérotant les cases de 1 à 5.

B Puis, écris une ou deux phrases pour décrire chaque image. Pour t'aider, tu peux utiliser *ne... pas* si nécessaire.

a)

d)

b)

e)

c)

A À quelle heure te réveilles-tu le matin? Écoute les trois jeunes décrire leur routine. Note leurs noms et l'information dans le tableau suivant.

	Heure du réveil	Déjeuner	Heure du départ pour l'école	Transport à l'école
1. _____				
2. _____				
3. _____				
Toi-même				

B Maintenant, note ta routine dans la dernière rangée du tableau.

Copyright © Addison Wesley

UNITÉ 1 : Moi-même.com

Sans frontières 9e **15**

Ton horaire personnel

A Ton horaire pendant la semaine et ton horaire de fin de semaine sont probablement très différents. Dans le tableau, écris tes deux horaires. Utilise au moins cinq verbes dans la liste à droite. Pour t'aider, réfère-toi aux questions au bas de la page.

La semaine	La fin de semaine

se brosser (les dents)

se coiffer

se coucher

s'endormir

s'habiller

se laver (le visage)

se lever

se maquiller

se peigner (les cheveux)

se raser

se réveiller

1. À quelle heure est-ce que tu te réveilles le matin?

2. Comment est-ce que tu te réveilles?

3. Combien de temps passes-tu au lit avant de te lever?

4. Quelle est ta routine devant le miroir le matin?

5. Combien de temps passes-tu dans la salle de bains?

6. Est-ce que tu t'habilles avant ou après le déjeuner?

7. À quelle heure est-ce que tu te couches le soir?

B Compare tes horaires à ceux d'un ou d'une partenaire.

A **Quelles sont tes heures de cours? On a posé cette question à quelques jeunes francophones. Lis les réponses suivantes.**

1. Camille Dupont, en France : «Les cours commencent à 8 h 30 et durent jusqu'à 17 h.»

2. Jackson Ingabire, au Rwanda : «L'école commence à 8 h et finit à 16 h.»

3. Zoë Fleurette, en Belgique : «Je suis à l'école de 8 h jusqu'à 18 h.»

4. Louis Shapiro, à Montréal : «Au secondaire, les cours commencent à 9 h 15 et finissent à 15 h 30.»

Tu as probablement remarqué que ces élèves identifient les heures de l'après-midi d'une façon différente. En diverses régions francophones du monde, on utilise l'horloge de 24 heures, surtout quand on parle des horaires. Cela veut dire que midi, c'est 12 heures, et 1 heure de l'après-midi, c'est 13 heures.

B **En utilisant l'horloge de 12 heures, à quelle heure se terminent les cours pour chaque élève de la partie A?**

1. Camille Dupont : _____

2. Jackson Ingabire : _____

3. Zoë Fleurette : _____

4. Louis Shapiro : _____

C **Récris les phrases suivantes en utilisant l'horloge de 12 heures et en ajoutant *du soir*.**

1. Le film commence à 21 h 15.

_____

2. Les enfants se couchent toujours à 20 h 30.

_____

3. Mon émission favorite commence à 22 h.

_____

4. Le train part à 19 h 25.

_____

5. On prend le souper à 18 h 30.

_____

Écoutons! **Xavier le chien**

A Écoute Xavier, le chien de Lilly, parler de ses visites à une résidence de gens âgés. Lilly, la maîtresse de Xavier, a une version différente de ces visites. Écoute les deux versions et note les renseignements que tu entends dans le tableau suivant.

	Selon Xavier	**Selon Lilly**
1. Xavier est...		
2. On visite la résidence...		
3. Le voyage en voiture est...		
4. Le nombre de chiens qui visitent le foyer est...		
5. Son costume favori est...		
6. Parfois les gens ont peur de Xavier parce qu'il est...		

B Compare ton tableau avec celui d'un ou d'une partenaire.

Écrivons! La personnalité et les emplois

A On peut savoir beaucoup sur la personnalité de quelqu'un par son emploi ou ses passe-temps. Identifie au moins trois traits de caractère qui peuvent s'appliquer à l'équipe d'Annick et Raymond, à Hélène Bernier et à Laurent Joseph. Pour t'aider, réfère-toi aux pages 22–23 de ton livre, à tes pages de vocabulaire personnel et aux adjectifs au bas de la page.

Annick et Raymond	Hélène Bernier	Laurent Joseph
_____	_____	_____
_____	_____	_____
_____	_____	_____
_____	_____	_____
_____	_____	_____

B Maintenant, choisis la série d'adjectifs qui correspond à chaque emploi. Écris la bonne lettre dans chaque case.

1. Gardienne d'enfants

□

2. Vendeur dans un magasin

□

3. Moniteur de natation

□

4. Scientifique

□

5. Bénévole dans un hôpital

□

6. Musicienne

□

7. Animateur d'une émission de télé

□

a) curieuse, disciplinée, logique

b) généreuse, gentille, serviable

c) extraverti, sociable, poli

d) patiente, énergique, imaginative

e) comique, dynamique, bavard

f) originale, créative, intuitive

g) sportif, enthousiaste, actif

C À quel emploi t'intéresses-tu? As-tu les qualités nécessaires pour cet emploi? Justifie ta réponse. Discute de ces questions avec ton groupe.

A **Monsieur Leung cherche quelqu'un pour garder ses enfants. Il téléphone à Marie-Claire. Mets les phrases de la conversation dans l'ordre logique. Numérote les cases de 1 à 10.**

☐ — Certainement, avec plaisir. C'est le 555-9321. Elle s'appelle Sylvie Hagan.

☐ — Oui. C'est le 63, rue Chambord. C'est tout près de l'école. La maison avec la porte rouge.

☐ — Bonjour, ici Martin Leung. Je vous appelle au sujet de votre affiche. Je m'intéresse à votre service de garde d'enfants. Avez-vous de l'expérience?

☐ — Pouvez-vous me donner le numéro de téléphone de votre voisine?

☐ — Nous avons deux enfants : une fille de trois ans et un garçon de sept ans. Êtes-vous disponible dimanche après-midi, le 3 novembre, vers 3 heures?

☐ — Le 3 novembre? Hum... un instant. Je vérifie mon calendrier... Oui, ça me convient parfaitement. Pouvez-vous me donner votre adresse, s'il vous plaît?

☐ — Oui, Monsieur. Je garde souvent les trois enfants de ma voisine. Ils sont âgés de deux, trois et six ans. Ce sont des enfants très actifs! Je m'amuse beaucoup avec eux.

☐ — 63, rue Chambord, près de l'école, la porte rouge. Parfait. Merci beaucoup, Monsieur Leung.

☐ — Bon. 555-9321. Madame Hagan, c'est bien ça?

☐ — Oui, c'est exact. Vous avez combien d'enfants, Monsieur?

B **Maintenant, écoute la conversation pour vérifier ton travail.**

UNITÉ 1 : Moi-même.com

Imagine que les jeunes dans ces pages préparent leur page Web personnelle.

a) Invente un prénom pour chaque personne.

b) Choisis deux ou trois adjectifs pour décrire leur personnalité.

c) Identifie deux intérêts ou passe-temps de la personne.

d) Identifie le groupe musical ou le genre de musique préféré de la personne.

1. Prénom : _____

   Personnalité : _____

   _____

   Passe-temps : _____

   _____

   Musique préférée : _____

   _____

2. Prénom : _____

   Personnalité : _____

   _____

   Passe-temps : _____

   _____

   Musique préférée : _____

   _____

●●●▶

3. Prénom :_____

Personnalité : _____

_____

Passe-temps : _____

_____

Musique préférée :_____

_____

4. Prénom :_____

Personnalité : _____

_____

Passe-temps : _____

_____

Musique préférée :_____

_____

Fais ton propre dessin!

A **Lis les renseignements et fais les activités ci-dessous.**

As-tu déjà communiqué avec tes amis par courrier électronique (courriel)? C'est un moyen de communication qui a des caractéristiques uniques.

Les binettes

Quand on communique par ordinateur, on n'a pas accès aux éléments verbaux et non verbaux de la communication, c'est-à-dire le ton et les émotions de la voix, l'expression du visage et les gestes. Cependant, en utilisant certains signes du clavier, on peut créer de petits dessins, ou symboles, pour communiquer quelques sentiments et même l'apparence physique d'une personne. On appelle ces dessins des *binettes*. Regarde les modèles suivants.

:-)	un sourire/un smiley	:-D	une personne bavarde
;-)	un clin d'oeil	: (	la tristesse
=:-)	punk	: {	des moustaches

Le sujet du courriel

Dans les messages électroniques, il y a une case désignée «sujet». La ligne «sujet» donne en quelques mots l'idée principale du message. Il faut être précis et créatif dans son choix de mots.

B **Choisis la binette appropriée pour les messages suivants.**

1. Enfin les vacances d'été! Nous partons demain pour la plage. _____

2. Je ne peux pas venir chez toi cette fin de semaine. J'ai un projet de sciences à faire. _____

3. Peux-tu me rencontrer demain après les cours? J'ai beaucoup de choses à te raconter. _____

4. Réponds-moi vite. Tu me manques beaucoup. _____

5. Mes parents choisissent tous mes cours pour moi! Les parents pensent qu'ils savent tout, n'est-ce pas? _____

●●●▶

C Peux-tu créer d'autres binettes? Réfère-toi au clavier à droite.

D Crée une phrase «sujet» pour les messages suivants.

1. Tu envoies un message à plusieurs amis pour leur proposer une sortie en groupe au cinéma vendredi soir. Tu veux voir le nouveau film d'horreur.

Sujet : _____

2. Tu ne comprends pas du tout ton devoir de mathématiques. Tu as essayé quelques questions, mais tu veux vérifier tes résultats avec un ou une camarade de classe.

Sujet : _____

3. La date du grand bal de l'école approche et tu veux demander à quelqu'un de t'accompagner. Tu es un peu timide, donc tu envoies une invitation à cette personne par courrier électronique.

Sujet : _____

4. Tu as un ami ou une amie qui habite dans une autre ville. Tu lui envoies par Internet des photos d'une fin de semaine de ski que vous avez passée ensemble.

Sujet : _____

E Maintenant choisis un des messages précédents et compose le texte qui accompagnera la phrase «sujet». N'oublie pas d'ajouter des binettes.

UNITÉ 1 : Moi-même.com   Copyright © Addison Wesley

Mon auto-évaluation

A Maintenant, je peux...

	1	2	3	4
• parler de ma personnalité, de mes passe-temps et de mes intérêts.				
• utiliser des adjectifs irréguliers pour décrire quelqu'un.				
• utiliser les pronoms réfléchis en parlant de ma routine quotidienne.				
• utiliser quelques stratégies de lecture.				

1	2	3	4
rarement	parfois	souvent	toujours

B

1. Dans cette unité, j'ai beaucoup aimé... _____

_____

_____

2. Dans cette unité, je n'ai pas aimé... _____

_____

_____

C Autres commentaires : _____

_____

_____

_____

_____

_____

Cris et frissons

Cris et frissons

Mon vocabulaire personnel

Utilise ces pages pour noter le vocabulaire nécessaire pour faire le travail de cette unité. Ces pages sont à toi. Tu peux inscrire tous les mots que tu veux.

1. Pour parler des crimes :

un enlèvement, un vol

_____

_____

_____

2. Pour décrire les personnages :

méchant(e), sympathique

_____

_____

_____

3. Pour donner un titre à une soirée-mystère :

Cris et frissons, La chair de poule

_____

_____

_____

4. Pour parler du travail policier :

une enquête, les indices

_____

_____

_____

UNITÉ 2 : Cris et frissons

5. Pour parler de l'informatique :

un logiciel, un ordinateur

_____

_____

_____

6. Les verbes irréguliers :

découvrir, dire

_____

_____

_____

7. Les verbes qui prennent une préposition :

commencer à, décider de

_____

_____

_____

8. D'autres mots ou expressions utiles :

_____

_____

_____

_____

Pour bien organiser l'intrigue et les personnages de l'émission
Cris et frissons, utilise le tableau suivant.

Nom du personnage	Travail/titre	Personnalité	Détails : secrets, indices, etc.	Motif(s)

UNITÉ 2 : Cris et frissons

Vocabulaire Choisis le bon mot!

A Relis le passage aux pages 32–33 de ton livre. Puis complète les phrases suivantes avec les mots ou les expressions dans la liste.

1. Les personnes fictives à la télévision, au cinéma ou dans les romans s'appellent les _____.

2. Elle _____ tout son argent dans ce magasin.

3. Quand j'ai vu tous les serpents à ses pieds, j'ai eu des _____.

4. Il passe trop de temps dans sa chambre à s'amuser avec des

   _____.

5. C'est une personne gentille, agréable et _____.

6. _____ dans ce roman est excellente et

   _____.

7. C'est un film absolument _____. À la fin, j'ai eu la

   _____.

8. Je n'aime pas du tout Fernand. Je le trouve vraiment

   _____. Il _____!

9. Quand j'ai entendu ce cri horrible, j'ai eu le _____.

captivante	chair de poule	dépense	effrayant
frissons	jeux électroniques	l'intrigue	m'énerve
méchant	personnages	souffle coupé	sympathique

B En utilisant le passage aux pages 32–33 de ton livre, fais une liste d'au moins douze mots qui ressemblent aux mots anglais.

_____   _____   _____

_____   _____   _____

_____   _____   _____

_____   _____   _____

Écoute les phrases. Quel est l'infinitif du verbe que tu entends?
Choisis parmi les verbes dans la liste à droite.

avoir
découvrir
dire
faire
mettre
ouvrir
voir
voir

1. _____   5. _____

2. _____   6. _____

3. _____   7. _____

4. _____   8. _____

Écrivons! **Une histoire à suivre**

A Complète les phrases suivantes en mettant le verbe indiqué au *passé composé*.

☐ **a)** Tanjah _____ (dire) à Anita : «Mais ce n'est pas possible! La maison n'est pas occupée depuis des années.»

☐ **b)** Quand les filles ont poussé la porte, elle _____ (faire) un bruit sinistre.

☐ **c)** Avant d'entrer dans la maison, Tanjah _____ (mettre) son sac à dos par terre.

☐ **d)** Les deux filles _____ (faire) une promesse de ne rien dire à leurs parents de ce qui allait se passer dans la maison...

☐ **e)** Les deux filles _____ (ouvrir) la grille pour entrer dans le jardin.

☐ **f)** En rentrant de l'école un après-midi, Tanjah et Anita _____ (voir) une silhouette à la fenêtre de la maison hantée.

☐ **g)** Elles _____ (découvrir) que la porte de la maison n'était pas fermée à clé.

☐ **h)** Anita _____ (avoir) des frissons en entendant ce bruit.

B Ensuite mets les phrases dans le bon ordre pour former l'histoire. Numérote les cases de 1 à 8.

C Qu'est-ce qui se passe dans la maison hantée? En groupes, continuez l'histoire.

Écoutons! Une idée géniale

A **Écoute la conversation téléphonique entre Michelle et Saree et complète les phrases suivantes.**

1. Saree est fâchée à cause de _____.

2. Les invités à une soirée-mystère jouent _____
_____.

3. À la fin de la soirée, tout le monde _____
_____.

4. Comme préparatif, Saree doit résumer _____.

5. Saree va aussi préparer une liste des _____
_____.

6. Cette description doit inclure **a)** _____

b) _____

c) _____

7. Saree a déjà fait un dessin du _____.

8. Elle va aussi préparer une _____.

9. Michelle va préparer _____.

B **Maintenant, fais une liste de tous les préparatifs nécessaires pour la soirée-mystère.**

_____

_____

_____

_____

_____

_____

_____

_____

_____

Lisons! **Manchettes de crime**

A **Lis les bulletins de nouvelles suivants. Dans la liste, choisis la bonne manchette pour chaque bulletin. Écris la lettre associée à chaque manchette dans la bonne case.**

a) Enlèvement du chien de l'inspecteur! Rançon demandée!

b) Le suspect : «Je suis innocent!»

c) LA POLICE À LA RECHERCHE D'INDICES AU GARAGE

d) Cambriolage au musée d'art

e) Fin au chantage

f) Faux–monnayeurs arrêtés à une ferme

g) Une vedette impliquée dans un trafic de drogue

h) Les crimes informatiques coûtent des milliards de dollars chaque année

1. ☐ La semaine passée, des criminels ont volé des tableaux célèbres et des sculptures à la Galerie royale. Les œuvres ont une valeur totale de 2 millions de dollars. La police a cherché des témoins et des indices, sans succès.

2. ☐ La police a arrêté Maurice Mimose pour le vol de la banque centrale. Mimose dit qu'il a un alibi pour la nuit du crime et qu'il n'est pas coupable.

3. ☐ Il y a eu un vol à la station-service la semaine dernière. La police est en train d'examiner le lieu du crime. On espère trouver des empreintes digitales sur le bord des fenêtres ou de la porte. L'enquête continue.

4. ☐ Pendant trois ans, le politicien Guillaume Gillard payait 500 dollars par mois à un individu mystérieux pour l'empêcher de révéler son identité. Évidemment, Gillard avait un dossier criminel dans une autre ville mais quand il est venu ici, il a changé de nom pour recommencer sa vie. Les policiers ont arrêté son ex-femme, Gabrielle Gillard.

5. ☐ Pendant la fin de semaine, la police a arrêté Michel Michel, l'acteur célèbre de l'émission *Cris et frissons*. Les agents pensent que Michel vend des stéroïdes illégaux aux acteurs de soutien. Michel a admis son crime.

6. ☐ En rentrant chez lui, le détective LeRoux a découvert que son chien Fidodo avait disparu. Devant sa petite niche, LeRoux a trouvé un message effrayant qui exigeait cinq mille dollars en échange du chien.

7. ☐ Les agents de police ont saisi une ferme au nord de la province hier soir. Une douzaine d'individus sont accusés de fabrication de fausse monnaie.

8. ☐ Les multinationales demandent au gouvernement fédéral d'infliger des peines plus sévères pour les crimes informatiques, tel le sabotage des sites Web par le moyen des virus. Les crimes de Rory McKay, un pirate informatique de renommée mondiale, ont coûté à l'industrie à peu près deux millions de dollars.

UNITÉ 2 : Cris et frissons

B **Lis les définitions suivantes. Relis les manchettes et les bulletins et trouve le mot qui correspond à chaque définition.**

1. La preuve laissée au lieu du crime qui aide à identifier le criminel :

   _____

2. L'argent demandé par un kidnappeur :

   _____

3. Le crime où on demande de l'argent à sa victime pour cacher un secret :

   _____

4. Le crime où on vole quelque chose :

   _____

5. Le crime où on vend de la drogue :

   _____

6. Le crime où on fabrique de l'argent :

   _____

7. Un expert en informatique qui commet des crimes :

   _____

8. Quelqu'un qui voit un crime :

   _____

9. Le contraire d'innocent :

   _____

10. La police pense qu'il a commis le crime. Il est le :

    _____

C **Choisis le mot juste dans la liste pour compléter les phrases suivantes.**

enquête	arrêté	lieu
accusé	empreintes	alibi

1. Le policier ne peut pas arrêter le suspect parce qu'il a un _____ pour l'heure du crime.

2. Les détectives ont commencé une _____ pour trouver les criminels.

3. La police a trouvé la preuve, puis l'inspecteur a _____ le suspect.

4. La fenêtre était brisée. Dehors, par terre, il y avait des _____ de pieds.

5. Même devant le juge, l'_____ a refusé d'admettre son crime.

6. Le détective est arrivé sur le _____ du crime pour chercher des indices.

Le langage informatique

Écris le mot ou l'expression dans la liste ci-dessous qui correspond à chaque définition suivante.

1. l'ensemble des programmes informatiques ou l'un de ces programmes _____

2. un appareil qui peut rapidement faire des calculs et accomplir un grand nombre de tâches différentes _____

3. la science des ordinateurs _____

4. un système d'ordinateurs qui sont reliés dans une compagnie _____

5. un programme créé pour détruire les données dans l'ordinateur _____

6. la partie de l'ordinateur où on peut voir les images et les textes _____

7. l'outil branché à l'ordinateur qui permet de déplacer le curseur à l'écran _____

8. l'accessoire avec les lettres et les numéros qu'on utilise pour taper un texte _____

9. une série d'instructions qui permet à l'ordinateur d'accomplir une tâche _____

10. introduire un virus dans un ordinateur _____

11. un ensemble de documents organisés sous un nom _____

12. voyager d'un site à l'autre sur Internet _____

13. éliminer un virus d'un ordinateur _____

14. rallumer un ordinateur _____

infecter	l'informatique	naviguer	un écran
désinfecter	redémarrer	un clavier	un ordinateur
un programme	un réseau interne	un logiciel	un virus
une souris	un fichier		

UNITÉ 2 : Cris et frissons

Après son entrevue avec Cyrille St-Denis, l'inspecteur Case a écrit un rapport. Complète les phrases de son rapport avec les verbes de la liste. N'oublie pas de mettre les verbes au *passé composé*.

apprendre	comprendre	couvrir	découvrir
devoir	disparaître	être	lire
offrir	surprendre		

1. Cyrille St-Denis (ne... pas) _____ surpris d'apprendre que le virus venait de Logi-clique.

2. Il _____ la nature sérieuse de l'affaire.

3. Il _____ de me présenter à tous les employés de la compagnie.

4. Les nouvelles du virus _____ le directeur de Logi-clique, Réginald Chapin.

5. Quand je suis entré dans son bureau, il _____ la lettre devant lui d'une manière très suspecte.

6. J'_____ le rapport financier de la compagnie.

7. J'_____ que la compagnie avait de graves problèmes financiers.

8. Mes agents _____ examiner en détail toutes les vidéocassettes de sécurité.

9. Ils _____ qu'une personne suspecte se promenait dans les corridors des bureaux chaque soir.

10. À la fin de la journée, M. St-Denis _____ .

Écoutons! L'enquête continue...

A L'inspecteur Case parle de l'enquête à son capitaine. Écoute les phrases et indique si c'est une action au *passé*, au *présent* ou au *futur*.

	passé	présent	futur
1.	☐	☐	☐
2.	☐	☐	☐
3.	☐	☐	☐
4.	☐	☐	☐
5.	☐	☐	☐
6.	☐	☐	☐
7.	☐	☐	☐
8.	☐	☐	☐

B Écoute les phrases une deuxième fois et réponds brièvement aux questions suivantes.

1. Qui? _____

2. Quoi? _____

3. Où? _____

4. Qui? _____

5. Quand? _____

6. Qui? _____

7. Quand? _____

8. Qui? _____

UNITÉ 2 : Cris et frissons

Écoutons! Trouve les erreurs

A **Écoute la conversation entre Michelle et Saree. Réponds brièvement aux questions suivantes, selon l'information donnée par Saree.**

1. Qui est Cyrille? ____________________	**vrai**	**faux**
2. Où est-ce que le crime a eu lieu? ____________________	**vrai**	**faux**
3. Quelle a été la cause du problème? ____________________	**vrai**	**faux**
4. Combien d'argent l'ordinateur a-t-il pris dans chaque compte? ____________________	**vrai**	**faux**
5. Dans quel compte le système a-t-il mis l'argent? ____________________	**vrai**	**faux**
6. Qui a désinfecté le système? ____________________	**vrai**	**faux**
7. Qu'est-ce qui s'est passé quand on a redémarré le système? ____________________	**vrai**	**faux**
8. Pourquoi l'inspecteur est-il allé à Logi-clique? ____________________	**vrai**	**faux**

B **Maintenant relis l'entrevue aux pages 37–38 de ton livre et indique si l'information de Saree est vraie ou fausse. Encercle *vrai* ou *faux* ci-dessus.**

C **Corrige les quatre erreurs de Saree en écrivant l'information correcte ci-dessous.**

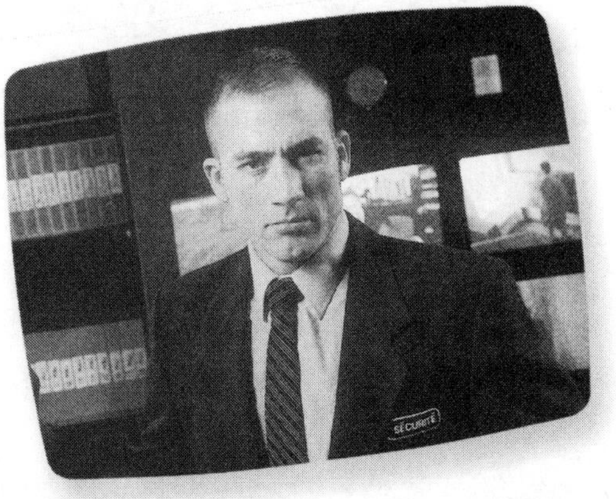

Pour la plupart d'entre nous, l'ordinateur est un appareil absolument nécessaire dans le domaine du commerce, dans la vie personnelle (le courriel, par exemple) et dans la vie scolaire. Mais les criminels aussi profitent de cet instrument très utile. Les crimes informatiques représentent un problème global, et on dit que les entreprises perdent des milliards de dollars chaque année à cause de ces crimes.

Un crime informatique est une action illégale qui implique un système informatisé. Citons en exemple, l'accès non autorisé aux ordinateurs, la diffusion des virus et la violation des droits d'auteur des logiciels. Les pirates informatiques mettent en danger la sécurité de nos systèmes informatisés. Cette sécurité est tout à fait essentielle dans le domaine des armes, des affaires et de la recherche scientifique. Par conséquent, il existe des organisations et des brigades policières qui se spécialisent dans la prévention et l'enquête sur ce genre de crime.

On dépend beaucoup des ordinateurs. On pense qu'ils ne font jamais d'erreurs, contrairement à nous, les êtres humains. Mais les crimes informatiques nous révèlent que les systèmes informatiques ne sont pas invincibles.

A **Relis l'article et associe les éléments des deux colonnes pour faire des phrases. Écris la lettre appropriée de la deuxième colonne sur la ligne.**

1. Les criminels _____

2. Les entreprises perdent _____

3. Un crime informatique _____

4. Les crimes informatiques _____

5. La sécurité est de première importance _____

6. Il y a des agents de police _____

7. On pense que les ordinateurs _____

8. Les crimes informatiques démontrent que _____

a) dans le domaine des armes.

b) les ordinateurs ne sont pas invincibles.

c) ne font jamais d'erreurs.

d) qui se spécialisent dans les crimes informatiques.

e) profitent de l'ordinateur.

f) compromettent la sécurité des systèmes informatisés.

g) implique toujours un ordinateur.

h) des milliards de dollars chaque année.

B À ta façon, explique les idées principales de l'article.

_____

_____

_____

_____

_____

_____

_____

C Décris la conclusion de l'article dans tes propres mots.

_____

_____

_____

_____

À ton avis

Les ordinateurs ne font jamais d'erreurs. Es-tu d'accord avec
cette phrase? Justifie ton opinion.

Écoutons! **Les secrets électroniques**

A Dans la dernière scène de *Cris et frissons*, Sonia a été choquée par des messages électroniques. Écoute les quatre messages et écris les mots qui manquent.

---

1. À : _____

De : _____

Dîner impossible. J'_____ changer mes

plans. Désolée. Tu me manques beaucoup.

_____ le petit message d'amour que j'ai

laissé dans _____ ?

---

2. À : Fernand

De : _____

Fin des excuses. Tu n'as pas encore _____

la vérité. Moi, _____ le jeu, pas toi! Tu

dois parler à Réginald, ou je vais le faire. Tu

_____ mon meilleur travail.

---

3. À : _____

De : Réginald

Après notre conversation de lundi, _____

réviser les dossiers de Sonia. _____ que

ses contributions sont en question. Tu _____

gentil de partager ton succès avec elle. J'ai déjà parlé

à Cyrille. Il va la _____ de très près.

---

4. À : Fernand

De : Maurice Lepin, _____

Tu _____ vraiment retourner à la banque.

Petits problèmes dans ton compte : tu _____

cinq dollars à cause de l'ordinateur. Les techniciens ont

trouvé _____ mais ils pensent qu'il vient de

ton logiciel. Je leur _____ que c'est

impossible. Appelle-moi.

B **Où se trouve Sonia dans cette dernière scène? Justifie ta réponse.**

_____

_____

C **Ajoute ces nouvelles informations au tableau à la page 28 de ton cahier.**

D **Lis les déclarations suivantes et indique si c'est _vrai_, _faux_ ou _incertain_.**

	vrai	faux	incertain
1. Fernand : Tous mes logiciels sans exception sont des originaux.	☐	☐	☐
2. Réginald : Mon entreprise a fait beaucoup de profits cette année.	☐	☐	☐
3. Sonia : J'ai aidé Fernand à finir ses projets mais je ne cherche pas la célébrité.	☐	☐	☐
4. Cyrille : Moi, je surveille tout le monde ici. Grâce à moi, nous sommes tous honnêtes et loyaux.	☐	☐	☐
5. Manuel : Ce n'est pas juste. C'est mon succès.	☐	☐	☐
6. Mei : À mon avis, on ne doit jamais sortir avec un collègue. C'est trop compliqué.	☐	☐	☐

A Saree et Michelle ont envoyé leurs invitations à la soirée-mystère. Les invités répondent maintenant à Saree. Écoute les messages téléphoniques et indique si la personne *vient, ne vient pas* ou *n'est pas certaine*, en cochant la bonne colonne.

L'invité(e)	Vient	Ne vient pas	N'est pas certain(e)	La raison
1. Paul				
2. Nadia				
3. Joshua				
4. Greg				
5. Ken				
6. Sylvie				
7. Marc				
8. Zoey				

B Écoute les messages encore une fois. Pour les invités qui ne viennent pas ou ne sont pas certains, note leur raison dans la dernière colonne.

UNITÉ 2 : Cris et frissons

A Quand l'inspecteur Case a examiné les bureaux de Logi-clique, il a trouvé le message suivant dans le corridor. Complète le message en ajoutant les prépositions *à* ou *de*, si nécessaire.

N'oublie pas, quelques verbes n'ont pas besoin de préposition. Dans ce cas, mets un X sur la ligne.

J'ai décidé _____ travailler à la maison aujourd'hui. Je commence

_____ penser que tout le monde me surveille au bureau. J'ai oublié

_____ te dire que quelqu'un a enlevé deux logiciels de mon bureau.

C'est probablement l'inspecteur. Quand je te reverrai, je veux _____

continuer notre conversation d'hier soir. Je ne peux pas _____ croire

qu'il est si malhonnête. Je vais essayer _____ lui parler demain. Ne

t'occupe pas du projet X. Je continue _____ faire mes recherches.

Mais tout d'abord, je dois _____ trouver les deux logiciels perdus.

N'aie pas peur! C'est presque fini. Il faut _____ penser à notre avenir...

P.-S. N'oublie pas _____ me téléphoner ce soir.

B Qui a écrit ce message? Et à qui? Justifie ta réponse.

_____

_____

_____

_____

_____

_____

_____

Écrivons! **Fais des phrases**

A Fais des phrases complètes au *présent* en utilisant les indices. N'oublie pas d'ajouter *à* ou *de* si nécessaire.

1. vous/pouvoir/examiner les empreintes digitales

_____

2. Cyrille/continuer/surveiller les employés

_____

3. je/essayer/finir le travail avant minuit

_____

4. les agents/vouloir/arrêter tous les criminels

_____

5. nous/commencer/avoir peur

_____

B Maintenant fais des phrases au *passé composé*. N'oublie pas d'ajouter *à* ou *de* si nécessaire.

1. je/devoir/fermer les portes de la banque

_____

2. elles/décider/porter un costume à la soirée

_____

3. nous/oublier/inviter le frère de Michelle

_____

4. tu/refuser/aider le voleur

_____

5. l'inspecteur/essayer/trouver tous les indices

_____

Complète les mots croisés en utilisant les indices suivants.

HORIZONTALEMENT :

1. l'accessoire de l'ordinateur avec les lettres et les numéros

4. une trace laissée par un doigt ou un pied

7. la partie d'un ordinateur où on voit les images

9. Il a _____ le script. (*lire*, au passé composé)

10. Vous avez _____ la porte. (*ouvrir*, au passé composé)

11. une personne imaginaire créée par un écrivain

14. l'excuse que le suspect donne à la police pour prouver son innocence

16. Nous avons _____ le crime. (*commettre*, au passé composé)

17. J'ai _____ le diamant. (*prendre*, au passé composé)

19. Un détective pense que cette personne a commis le crime.

20. un ensemble de programmes nécessaire au fonctionnement de l'ordinateur

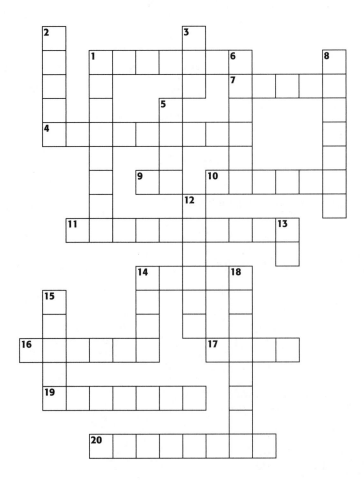

VERTICALEMENT :

1. le contraire d'innocent

2. le nom d'un film ou d'un roman

3. Ils ont _____ la vérité. (*dire*, au passé composé)

5. là où un crime se passe

6. des ordinateurs qui sont reliés

8. La police fait une _____ pour trouver le coupable.

12. un signe laissé par un criminel

13. Tu as _____ peur. (*avoir*, au passé composé)

14. selon moi = à mon _____

15. je pense = je _____

18. l'histoire d'un roman ou d'un film

A **Après avoir fait ses recherches à Logi-clique, l'inspecteur Case décide d'interroger Fernand Saussure. Écoute l'entrevue, et écris les mots que tu entends sur les lignes.**

L'inspecteur : M. Saussure, _____ travaillez-vous à

Logi-clique?

Fernand : Depuis _____ ans.

L'inspecteur : Qu'est-ce que vous faites exactement?

Fernand : Je suis _____ mais je suis aussi une sorte d'artiste

_____.

L'inspecteur : Est-ce que votre patron est _____ de votre travail?

Fernand : Je pense que oui! À mon avis, l'entreprise a pu _____

tout son argent grâce à _____.

L'inspecteur : Que pensez-vous du _____, Réginald?

Fernand : Il est _____, mais je ne suis pas d'accord avec ses

méthodes. Il est trop _____.

L'inspecteur : Et les autres _____? Mei, par exemple?

Fernand : Mei? _____, sensuelle,

_____. Elle va certainement réussir.

L'inspecteur : M. Saussure, _____ un rendez-vous avec

Maurice Lepin à la Banque Lambert, _____?

Fernand : Oui, c'est mon ami. Parfois, il essaie mes nouveaux _____.

L'inspecteur : Mais, vous savez qu'un logiciel de Logi-clique _____

le grand vol à cette banque?

Fernand : C'est _____, mais ce n'est pas mon logiciel. Mei fait des

tests avant qu'ils _____ nos bureaux.

L'inspecteur : Nous avons _____ votre ordinateur. Avez-vous

effacé quelques _____?

Fernand : Non, impossible. Je dois _____ toutes mes

idées en archives.

L'inspecteur : Pourtant, quelques fichiers _____.

Je crois que vous essayez de _____ quelque chose.

Fernand : Ne soyez pas _____.

L'inspecteur : On va voir. On essaie de les _____.

Quelle est la date de votre anniversaire, M. Saussure?

Fernand *(d'un ton sarcastique)* **:** Quelle question! C'est essentiel pour

_____? D'accord, c'est ce vendredi.

L'inspecteur : Alors, _____! Je voudrais prendre

quelques notes sur notre conversation. Dites, avez-vous un stylo?

Fernand *(fouille dans ses poches)* **:** C'est étrange. _____

mon stylo.

L'inspecteur *(il sourit)* **:** Quel dommage. Vous pouvez _____,

monsieur. Mais _____ en ville.

B Réponds aux questions suivantes.

1. Comment sais-tu que Fernand n'aime pas beaucoup Réginald?

_____

2. Pourquoi est-ce que Fernand est certain que son logiciel n'a pas détruit les
données de la banque?

_____

3. Pourquoi est-ce que l'inspecteur accuse Fernand de cacher quelque chose?

_____

4. Pourquoi est-ce que l'inspecteur pose les deux dernières questions?

_____

**C Maintenant tu peux ajouter au tableau, à la page 28 du cahier, les
informations révélées dans l'entrevue de Fernand.**

Écoutons! Qui est le ou la coupable?

C'est la fin de la soirée-mystère de Saree et Michelle. Les invités se sont beaucoup amusés en jouant leurs rôles respectifs. C'est le moment que tout le monde attend. Chacun donne son opinion. Qui est le ou la coupable? Écoute les opinions des invités et note leurs réponses dans le tableau.

L'invité(e)	Le/la coupable	Pourquoi?
Paul		
Michelle		
Greg		
Ken		
Marc		
Saree		

UNITÉ 2 : Cris et frissons

Mon auto-évaluation

A **Maintenant, je peux...**

	1	2	3	4
• parler des émissions et des films à suspense.				
• parler des éléments d'une soirée-mystère.				
• parler des ordinateurs et de l'informatique.				
• utiliser des verbes irréguliers au passé.				
• utiliser des verbes suivis d'une préposition et d'un infinitif.				
• écrire un paragraphe.				

1	**2**	**3**	**4**
rarement	parfois	souvent	toujours

B **1. Dans cette unité, j'ai beaucoup aimé**... _____

_____

_____

2. Dans cette unité, je n'ai pas aimé... _____

_____

_____

C **Autres commentaires :** _____

_____

_____

_____

_____

_____

Les grands monstres

Mon vocabulaire personnel

Utilise ces pages pour noter le vocabulaire nécessaire pour faire le travail de cette unité. Ces pages sont à toi. Tu peux inscrire tous les mots que tu veux.

1. Pour décrire les monstres :

effrayant(e), énorme
_____

_____

_____

_____

_____

2. Pour raconter une histoire :

alors, ensuite
_____

_____

_____

_____

_____

3. Pour décrire l'habitat du monstre :

un laboratoire, un volcan
_____

_____

_____

_____

_____

UNITÉ 3 : Les grands monstres

4. Pour écrire un article de journal ou faire une entrevue :

interviewer, poser une question à

_____

_____

_____

_____

5. Pour décrire la technologie et les effets spéciaux dans les films :

les effets sonores, mouler

_____

_____

_____

_____

6. Les verbes au passé composé conjugués avec *être* :

descendre, monter

_____

_____

_____

_____

7. D'autres mots ou expressions utiles :

_____

_____

_____

A Encercle la lettre de la réponse qui reflète le mieux tes sentiments.

1. Je regarde les films d'horreur et les films de monstres :

a) chaque fois que je peux.

b) seulement s'il n'y a rien d'autre à regarder.

c) si mes amis insistent, mais je préfère faire du sport ou jouer aux cartes.

2. Un film de monstres en noir et blanc :

a) est probablement un classique que je dois absolument regarder.

b) est à éviter à tout prix.

c) est peut-être aussi bon qu'un film en couleur.

3. La violence dans les films d'horreur :

a) n'est pas nécessaire.

b) est absolument essentielle.

c) est normale. Hollywood adore la violence.

4. *Frankenstein* est :

a) un des meilleurs films d'horreur.

b) une blague rétro.

c) très vieux et démodé.

5. Un nouveau tournage d'un vieux film d'horreur classique comme *La momie* :

a) est toujours inférieur à l'original.

b) est toujours meilleur que l'original.

c) peut être aussi bon que l'original, mais souvent ne l'est pas.

6. Les scènes de comédie dans un film d'horreur ou de monstres :

a) ne devraient pas être là.

b) sont essentielles.

c) fonctionnent parfois, mais doivent être très drôles.

7. Les gens qui aiment les vieux films d'horreur classiques :

a) sont intelligents et imaginatifs.

b) n'apprécient pas le cinéma de nos jours.

c) ont droit à leur propre opinion.

Interprétation des résultats

Une majorité de réponses *a*
Tu aimes les films classiques, mais tes amis te trouvent probablement un peu bizarre et ne t'invitent pas à les accompagner au cinéma.

Une majorité de réponses *b*
Tu manques de bons films parce que seuls les films modernes t'intéressent.

Une majorité de réponses *c*
Tu as l'esprit ouvert, mais vraiment le cinéma ne te passionne pas beaucoup.

B Compare tes résultats avec ceux de tes camarades de classe.

UNITÉ 3 : Les grands monstres

A Un expert dans le domaine des monstres parle aux élèves de ton
école. Écoute l'expert. Est-ce que l'information de l'expert est correcte?
Encercle *oui* ou *non*.

1.	oui	non
2.	oui	non
3.	oui	non
4.	oui	non
5.	oui	non
6.	oui	non
7.	oui	non
8.	oui	non
9.	oui	non
10.	oui	non

B Peux-tu aider l'expert à corriger son discours? Écoute les phrases
encore une fois et corrige les erreurs.

_____

_____

_____

_____

_____

_____

C Vérifie tes réponses avec un ou une partenaire.

A Deux personnes ont vu des monstres. Écoute leurs descriptions et dessine les monstres.

1.

B Que mangent les monstres que tu as dessinés? Le monstre numéro 1 est herbivore et le monstre numéro 2 est carnivore. Dresse une liste de cinq choses que chaque monstre mange.

Monstre numéro 1   Monstre numéro 2

_____   _____

_____   _____

_____   _____

_____   _____

_____   _____

C Compare tes dessins et tes listes avec ceux d'un ou d'une partenaire.

A **Utilise les mots de la liste pour compléter les phrases.**

appartient	avertir	banni
célèbre	cinéaste	dépasse
expériences	maquillage	réalisateur
succès		

1. Frankenstein est un roman très ___ ___ ___ ___ ___ ___ ___.
④ ③

2. Mary Shelley a voulu ___ ___ ___ ___ ___ ___ ___ le public des dangers présentés par les progrès technologiques. ⑦

3. Le ___ ___ ___ ___ ___ ___ ___ ___ ___ ___ ___ a choisi Boris Karloff pour le rôle du monstre.
⑳ ⑲ ⑥ ⑧ ⑤

4. L'acteur doit passer beaucoup de temps dans la salle de ___ ___ ___ ___ ___ ___ ___ ___ ___.
⑩ ① ②

5. Le film *Frankenstein* a connu un grand ___ ___ ___ ___ ___ ___.
⑫

6. En Angleterre, les censeurs ont ___ ___ ___ ___ ___ le film.
⑨

7. Tomoyuki Tanaka, un ___ ___ ___ ___ ___ ___ ___, a créé *Godzilla* en 1954.
⑪ ⑱

8. Le film *Jurassic Park* est basé sur les ___ ___ ___ ___ ___ ___ ___ ___ ___ ___ en génétique.
⑭ ⑮

9. L'ère de la bombe nucléaire ___ ___ ___ ___ ___ ___ ___ ___ ___ au passé maintenant.
⑯ ⑰ ⑬

10. Qu'est-ce qui va arriver si on ___ ___ ___ ___ ___ ___ ___ les limites?
㉑

B **Pour trouver la question-mystère, utilise les lettres numérotées.**

___ ___ ___ ___   ___ ___ ___   ___ o ___   ___ o ___ ___ ___ ___ ___
 1   2   3   4   5   6   7   8   9   10   11   12   13   14   15

___ ___ ___ f ___ ___ ___ ?
16 17 18   19 20 21

Écoutons! *Avoir* ou *être?*

Écoute les phrases et coche le verbe auxiliaire que tu entends.

	avoir	être
1.	☐	☐
2.	☐	☐
3.	☐	☐
4.	☐	☐
5.	☐	☐
6.	☐	☐
7.	☐	☐
8.	☐	☐
9.	☐	☐
10.	☐	☐

Écoutons! La tarentule

Écoute bien. Écris les verbes que tu entends au *passé composé*. N'oublie pas de faire les accords.

1. Une bombe nucléaire _____ _____ dans le désert.

2. Les pilotes _____ _____ à la base sans regarder.

3. Une tarentule énorme _____ _____ vers la ville.

4. Elle _____ _____ plus grande qu'une maison.

5. La tarentule _____ _____ dans la ville.

6. Deux personnes _____ _____ de leur maison.

7. Elles _____ _____ vite dans la maison.

8. La tarentule a tout détruit, puis elle _____ _____ pour le désert.

UNITÉ 3 : Les grands monstres

A **Écoute le monstre parler. Écris les mots qui manquent.**

Hier soir, j'ai rêvé que je _____ _____ du laboratoire. Je _____ _____ vers le village. Je _____ _____ plusieurs fois parce que j'ai toujours de la difficulté à marcher. Un homme m'a vu mais il _____ _____ très vite. Le village se trouve dans une vallée. Je _____ _____ dans cette direction. Quand je _____ _____ au village, je _____ _____ dans une boulangerie parce que j'avais faim. Le boulanger _____ _____ bouche bée, incapable de parler. Les gens m'ont trouvé effrayant. Je n'ai pas trouvé d'ami dans le village. Finalement, je _____ _____ au château du docteur.

B **Écoute encore une fois. Réponds aux questions suivantes.**

1. Qu'est-ce que le monstre dit qui indique que l'histoire n'est pas vraie?

_____

2. Où est-ce que le monstre est allé?

_____

3. Quel accident a-t-il eu en route?

_____

4. Qu'est-ce que l'homme a fait quand il a vu le monstre?

_____

5. Où est-ce que le monstre est entré?

_____

6. Qu'est-ce qu'on vend dans une boulangerie?

_____

7. Pourquoi est-ce que le monstre est descendu vers le village?

_____

8. Quand le monstre a quitté le village, où est-il retourné?

_____

9. À ton avis, pourquoi est-ce que le monstre n'a pas trouvé d'ami?

_____

● Écrivons! On est allé au cinéma

Raj et Luba sont des fanatiques des films d'horreur. Complète leur dialogue en mettant les verbes indiqués au *passé composé*. Attention aux accords!

Raj : Salut, Luba! Tu _____ _____ (aller) au cinéma samedi?

Luba : Oui, Florence et moi y _____ _____ (aller) ensemble.

Raj : Je t'ai téléphoné samedi soir. À quelle heure est-ce que tu _____ _____? (sortir)

Luba : Je _____ _____ (partir) de la maison vers 6 heures. Je _____ _____ (rester) une demi-heure chez Florence. Nous _____ _____ (arriver) au cinéma avant 8 heures.

UNITÉ 3 : Les grands monstres

Raj : Qu'est-ce que vous avez vu?

Luba : Quelle chance! Nous _____ _____(tomber) sur un film d'horreur!

Raj : Ah oui? Lequel?

Luba : Il s'appelle *Zagora*. Dans le film, un monstre _____ _____(sortir) du Sahara et _____ _____(entrer) dans une ville où un archéologue américain cherchait des tombeaux anciens. À la fin, l'archéologue _____ _____(tomber) dans un trou dans la terre et a trouvé de vieux documents qui lui ont indiqué comment détruire le monstre.

Raj : C'était bon?

Luba : Oui, absolument génial. Le monstre était très *cool*. Je _____ _____(mourir) de peur quand je l'ai vu pour la première fois. Et toi?

Raj : Je _____ _____(retourner) au Cinénorme pour revoir le film *Dragara*. Léila et moi y _____ _____ (aller) ensemble.

Luba : Ah? Léila _____ _____(sortir) avec toi enfin! A-t-elle aimé le film?

Raj : Je crois que non. Quand nous _____ _____ (rentrer) chez elle après, elle m'a dit que si elle sort avec moi encore une fois, elle va choisir une comédie romantique. Je crois que c'est fini entre nous.

● À ton avis

Pourquoi est-ce que Raj pense que c'est fini entre lui et Léila? À deux, discutez de cette question.

Lis les descriptions suivantes, puis écris le nom du monstre qui se décrit. Tu peux voir leurs photos aux pages 58–59 de ton livre.

1. En général, les gens ont peur de moi. Je ne suis pas très grande, mais à cause des tests nucléaires dans le désert où j'habite, je suis devenue immense. J'avais faim et je n'ai rien trouvé à manger dans le désert. C'est pourquoi je me suis dirigée vers les régions habitées par les humains. Quelle panique quand ils m'ont vue! On a envoyé des avions pour m'attaquer!

_____

_____

2. Le docteur a décidé de créer un être humain dans son laboratoire. Je ne veux pas dire où il a trouvé les parties qui ont formé mon corps. Une nuit, pendant une tempête terrible, l'électricité dans l'air m'a animé. Je n'étais pas content. Est-ce que j'étais un homme ou un monstre? Pour le docteur, j'étais seulement une expérience scientifique. J'ai décidé de sortir du laboratoire pour aller me trouver un ami.

_____

_____

3. J'habite une grande ferme en Angleterre. Une nuit de pleine lune, un loup m'a attaqué et m'a mordu. C'était effrayant! Je ne suis pas mort, mais j'ai commencé à me transformer : mes dents sont devenues plus longues, des poils ont poussé sur mon visage. Ma personnalité aussi a changé. J'étais un homme gentil et aimable, mais… je suis devenu féroce et dangereux!

_____

_____

4. Depuis des siècles, je dors sous la terre. Mais des scientifiques ont fait tomber des bombes nucléaires et les changements dans l'atmosphère m'ont réveillé. Je suis sorti de la terre. Quelle panique quand les gens m'ont vu! J'ai voulu me venger! Je suis allé vers la capitale du pays. J'ai causé beaucoup de destruction.

_____

_____

5. La femme a compris que je ne voulais pas lui faire mal. Je l'ai sauvée quand les dinosaures ont attaqué. Mais des hommes sont arrivés et ils m'ont capturé. Je me suis trouvé dans un théâtre, enchaîné. Le bruit et la lumière étaient terribles! J'étais fâché! Je suis sorti dans la rue, j'ai trouvé la femme et je suis monté au sommet d'un grand bâtiment avec elle.

_____

_____

6. J'habite l'océan. C'est mon océan à moi. Les humains ont la terre. Pourquoi pensent-ils qu'ils doivent aussi nager? Et quand ils partent, mon océan est comme une poubelle! Donc, je vais aller à la plage pour me venger. Ils ne vont jamais oublier ma visite! Ils vont voir mes belles dents!

_____

_____

Écoute le passage et encercle les bonnes réponses.

1. Le film *Les dents de la mer* a lieu :
  a) dans l'océan.
  b) dans la jungle.
  c) dans un parc où il y a des dinosaures.

2. Steven Spielberg est :
  a) un acteur qui a joué dans le film.
  b) le réalisateur du film.
  c) un technicien responsable des effets spéciaux.

3. Pour le film, Spielberg a voulu utiliser :
  a) un vrai requin gigantesque.
  b) un requin mécanique qui a l'air vivant.
  c) un bateau en forme de requin.

4. Ce monstre lui a coûté :
  a) très peu d'argent.
  b) une fortune.
  c) mille dollars.

5. Quand Spielberg a vu le requin :
  a) il était mécontent.
  b) il était triste.
  c) il était heureux.

6. Le requin a causé des problèmes parce qu'il :
  a) a dévoré des acteurs.
  b) est allé trop vite.
  c) n'a pas fonctionné.

7. Spielberg a décidé de :
  a) faire réparer son requin.
  b) faire un film tout différent.
  c) créer du suspense sans montrer le requin.

8. Pour les spectateurs, le film est terrifiant :
  a) parce qu'on voit toujours le requin.
  b) parce qu'on doit imaginer le requin.
  c) parce qu'il n'y a pas de requin.

À ton avis
Pourquoi le film est-il terrifiant?

Lisons! *King Kong*

Fais un résumé logique du film *King Kong* en mettant les phrases suivantes dans le bon ordre. Numérote les cases de 1 à 10.

[ ] **a)** Denham a présenté Kong au public dans un théâtre à New York.

[ ] **b)** Denham a organisé une équipe pour sauver Ann.

[ ] **c)** Le cinéaste Carl Denham est arrivé à *Skull Island* pour y tourner un film d'aventure.

[ ] **d)** Kong a mis Ann en sécurité, puis il est tombé et il est mort.

[ ] **e)** Denham a sauvé Ann et a tranquillisé Kong, puis il a mis le gorille dans une cage.

[ ] **f)** Kong, un gorille qui mesure environ 13 mètres, a saisi Ann et puis il est parti pour la jungle avec elle.

[ ] **g)** Kong est monté au sommet de l'*Empire State Building* avec Ann.

[ ] **h)** Kong était fâché. Il a enfin réussi à sortir du théâtre avec Ann entre les mains.

[ ] **i)** Les habitants de l'île ont enlevé Ann, la vedette du film, et l'ont offerte à leur dieu, Kong, en sacrifice.

[ ] **j)** Des avions de guerre ont attaqué Kong.

UNITÉ 3 : Les grands monstres

A **Écoute l'entrevue entre Diane Yu de Radio KOLA et Carl Denham.**

B **Écoute l'entrevue encore une fois et prends des notes pour répondre aux questions de base.**

Qui? _____

_____

Quand? _____

_____

Où? _____

_____

Quoi? _____

_____

Pourquoi? _____

_____

C **Maintenant, utilise tes notes pour écrire un paragraphe sur les détails importants de l'entrevue.**

_____

_____

_____

_____

_____

_____

_____

_____

_____

_____

_____

_____

Écrivons! Décris ton personnage principal

A Dresse une liste de traits physiques qui sont importants chez l'acteur ou l'actrice qui va jouer le personnage principal de ton film.

_____

_____

_____

_____

_____

B Maintenant, décris les traits de caractère du personnage principal.

_____

_____

_____

_____

_____

C Enfin, écris une note à la personne responsable de la sélection des acteurs. Avec la description que tu lui donnes, elle va sûrement trouver la vedette idéale pour ton film!

_____

_____

_____

_____

_____

_____

_____

_____

UNITÉ 3 : Les grands monstres

Copyright © Addison Wesley

Écoutons! Comment faire une entrevue

A **Lis la liste ci-dessous des éléments d'une bonne entrevue.**

B **Écoute une entrevue avec l'acteur Cedric Klopf qui a joué le rôle principal dans le film *Le monstre du lac hanté*. Est-ce une bonne entrevue ou non? Coche *oui* ou *non*.**

	oui	non
1. On a fait des recherches.	☐	☐
2. On est poli.	☐	☐
3. On pose des questions ouvertes qui encouragent la personne à parler.	☐	☐
4. On pose aussi des questions fermées qui demandent une réponse simple.	☐	☐
5. On montre de l'intérêt pour les réponses.	☐	☐
6. Quand on ne comprend pas, on demande une explication.	☐	☐
7. Vers la fin de l'entrevue, on résume les informations.	☐	☐

Écrivons! Mary Shelley

Complète le passage en mettant les verbes indiqués au *passé composé*. Attention! Est-ce que le verbe auxiliaire est *être* ou *avoir*? Si c'est *être*, n'oublie pas les accords!

Mary Wollstonecraft _____ _____(naître) à Londres en

Angleterre en 1797. En 1813, Mary _____ _____(rencontrer) le

poète Percy Shelley. Elle _____ _____ (épouser) Percy en 1816.

Mary et Percy _____ _____(avoir) trois enfants, mais seulement

l'un d'entre eux _____ _____ (ne pas mourir) jeune.

En 1817, Mary et Percy _____ _____(aller) en Suisse. C'est là

que Mary _____ _____(imaginer) l'histoire d'un docteur qui

fabrique un monstre. Mary _____ _____(publier) son roman

Frankenstein. La révolution industrielle et les progrès scientifiques _____

_____(influencer) Mary. Elle _____

_____(rester) persuadée que la science doit avoir des limites.

Percy Shelley_____ _____(mourir) en 1822. Mary

_____ _____(mourir) en 1851.

Sans frontières 9^e

Écoute le message publicitaire pour la première de *King Kong,* puis réponds aux questions suivantes.

1. Quel est le titre du film?

_____

2. Nomme trois choses terrifiantes qu'on va voir dans le film.

_____

_____

_____

3. De quoi est-ce que le spectateur a besoin pour regarder ce film?

_____

_____

_____

4. Qu'est-ce qu'on ajoute à la narration pour augmenter l'intérêt du public?

_____

_____

_____

5. Quand peut-on voir le film? Pendant combien de temps? Où?

_____

_____

_____

6. Qui ne peut pas aller voir le film? Pourquoi?

_____

_____

_____

A C'est lundi matin. Raj et Luba sont à la cafétéria. Écoute leur conversation, puis coche le nom de la personne dont on parle dans chaque phrase.

Qui...	Raj	Luba	Les deux
1. a vu *Le loup à la porte*?			
2. a vu le film samedi?			
3. a vu le film dimanche?			
4. a aimé le maquillage?			
5. a lu un article sur le film?			
6. n'est pas patient (e)?			
7. ne veut pas de comédie dans un film d'horreur?			
8. veut laisser aller son imagination?			

B Maintenant, explique ce que Raj et Luba ont aimé dans le film *Le loup à la porte*. Pourquoi est-ce que Raj était un peu mécontent en sortant du cinéma?

À ton avis

Raj déclare : La violence et l'horreur, ce n'est pas la même chose. Il faut que ça stimule l'imagination.

Est-ce que tu trouves les films d'horreur ou de monstres trop violents? Donne des exemples. Veux-tu, comme Raj, laisser aller ton imagination quand tu regardes un film?

Vocabulaire **Le métier d'acteur**

À l'aide des mots de la liste, complète le passage suivant.

à merveille	maquilleur	plâtre
effets spéciaux	méchant	pleine lune
grandeur nature	mouler	réduit
jumeaux	peau	réalisateur
maquillage		

Ouf! Que c'est dur le métier d'acteur dans les films d'horreur! Le _____

s'intéresse seulement aux _____ , pas à ses acteurs. Il

ne comprend pas que je dois passer trois ou quatre heures chaque matin dans la salle

de _____ où les artistes me transforment en monstre.

Dans mon nouveau film, je joue deux rôles : deux frères, des _____

identiques. L'un est bon, donc le maquillage n'est pas un problème. L'autre est

_____ et se transforme une nuit de _____

en monstre terrifiant.

Le premier jour du tournage du film, je me suis présenté devant le _____

en chef. Il avait déjà produit un modèle _____ (très petit) de mon

personnage méchant. Il a commencé à ajouter de l'eau à une poudre blanche… du

_____! «Qu'est-ce que vous allez faire avec ça?» ai-je demandé.

Comme réponse, il a commencé à verser la pâte blanche sur moi. «Ferme les yeux»,

a-t-il dit, «et mets ces pailles dans tes narines pour avoir un peu d'oxygène. Je dois

_____ ton corps. Ne bouge pas! Ça va prendre seulement deux heures.»

Deux heures plus tard, il m'a libéré de ma prison blanche. «Regarde», m'a-t-il dit.

«C'est parfait! C'est allé _____! Maintenant j'ai un

modèle _____. C'est toi, en plâtre! Je vais faire une

_____ en latex. Ça va être ton costume.»

Pourquoi est-ce que je n'ai pas écouté mon père quand il m'a dit d'étudier plus fort?

UNITÉ 3 : Les grands monstres

La créature de la lagune noire

On décrit l'histoire de Kay, une scientifique qui visite la lagune noire
en Amérique du Sud. Elle ne sait pas que dans la lagune habite un
homphibien, une créature qui est moitié homme, moitié amphibien.

A Écoute bien. Encercle la bonne forme du participe passé dans les
phrases que tu entends.

1. allé	allée	allés	allées
2. venu	venue	venus	venues
3. arrivé	arrivée	arrivés	arrivées
4. allé	allée	allés	allées
5. resté	restée	restés	restées
6. devenu	devenue	devenus	devenues
7. monté	montée	montés	montées
8. sorti	sortie	sortis	sorties
9. descendu	descendue	descendus	descendues
10. parti	partie	partis	parties

B Maintenant, écoute les phrases encore une fois et indique si c'est
la bonne illustration ou non.

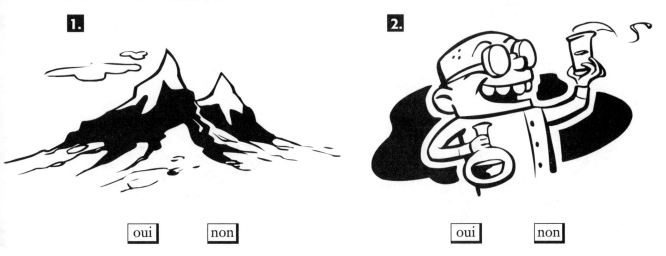

1.   oui   non   **2.**   oui   non

●●●▶

3. oui non

4. oui non

5. oui non

6. oui non

7. oui non

8. oui non

9. oui non

10. oui non

UNITÉ 3 : Les grands monstres

Mon auto-évaluation •

A **Maintenant, je peux...**

	1	2	3	4
• parler des monstres dans les films et la littérature.				
• parler des raisons pour lesquelles nous créons des monstres.				
• parler des effets spéciaux dans les films de monstres.				
• utiliser des verbes conjugués au *passé composé* avec le verbe *être*.				
• faire un reportage.				

1	**2**	**3**	**4**
rarement	parfois	souvent	toujours

B **1. Dans cette unité, j'ai beaucoup aimé**… _____

_____

_____

2. Dans cette unité, je n'ai pas aimé… _____

_____

_____

C **Autres commentaires :** _____

_____

_____

_____

_____

_____

Sur la piste de la tomate

Mon vocabulaire personnel

Utilise ces pages pour noter le vocabulaire nécessaire pour faire le travail de cette unité. Ces pages sont à toi. Tu peux inscrire tous les mots que tu veux.

1. Pour parler des dangers qui menacent l'avenir de notre planète :

l'effet de serre, les pluies acides

_____

_____

_____

2. Pour parler des fruits et légumes :

le maïs, les tomates

_____

_____

_____

3. Pour parler des animaux menacés :

le loup, le rhinocéros

_____

_____

_____

4. Pour parler de la méthode scientifique :

les étapes, le problème

_____

_____

_____

5. Pour décrire les fruits et légumes et d'autres aliments :

carré(e), frais/fraîche

_____

_____

_____

_____

6. Pour parler de la modification des fruits et des légumes :

un gène, transférer

_____

_____

_____

_____

7. Les conjonctions :

et, ou

_____

_____

_____

_____

8. D'autres mots ou expressions utiles :

_____

_____

_____

Écoutons! On se met à la tâche

Écoute bien. Réponds brièvement aux questions suivantes.

1. Qui parle? _____

2. À qui est-ce que la personne parle? _____

_____

3. Est-ce que c'est au début, à la fin ou au milieu du cours?

_____

4. De quoi est-ce qu'elle parle? _____

5. Quelles sont les quatre étapes à suivre pour analyser un problème scientifique?

○ **A** _____

○ **B** _____

C _____

○ **D** _____

6. Comment est-ce que les élèves feront leurs présentations?

_____

_____

_____

_____

_____

_____

7. Combien d'élèves est-ce qu'il y aura dans un groupe? _____

Écoute le passage suivant, et écris les mots qui manquent sur les tirets.

Élise est très _____ aujourd'hui parce qu'elle a reçu un _____ de sa correspondante, Hannah, qui habite au _____. Hannah a invité Élise à lui rendre visite cet _____. Les _____ d'Élise ont consenti au voyage. Pendant sa visite, Élise fera un _____ avec Hannah. Les deux filles visiteront une _____ d'animaux _____. Maintenant, Élise va à la _____ pour faire des recherches sur son _____ de sciences. Comme sujet, elle a choisi les _____ en voie d'extinction.

Écoutons! **À la tâche avec Julie**

Écoute Julie parler de son projet de sciences. Est-ce que les verbes sont au _présent,_ au _passé_ ou au _futur simple_? Coche la bonne case.

	présent	passé	futur simple
1.	☐	☐	☐
2.	☐	☐	☐
3.	☐	☐	☐
4.	☐	☐	☐
5.	☐	☐	☐
6.	☐	☐	☐
7.	☐	☐	☐
8.	☐	☐	☐
9.	☐	☐	☐
10.	☐	☐	☐

Tout ce qu'on a fait samedi dernier, on va le faire de nouveau samedi prochain. Écris les phrases au *futur simple* pour indiquer ce qu'on va faire.

Exemple : Samedi dernier, Jean a visité la bibliothèque.

Samedi prochain, Jean visitera la bibliothèque.

1. Samedi dernier, j'ai cherché des articles pour mon projet de sciences.

_____

2. Samedi dernier, Julie a téléphoné à Jean.

_____

3. Samedi dernier, nous avons choisi des photos pour notre annonce publicitaire.

_____

4. Samedi dernier, Jean et Julie ont parlé de leur projet.

_____

5. Samedi dernier, tu as surfé le Net.

_____

6. Samedi dernier, Jean a attendu Julie à la bibliothèque.

_____

7. Samedi dernier, j'ai écrit une partie de mon dialogue.

_____

8. Samedi dernier, vous avez lu des articles intéressants.

_____

dimanche	lundi	mardi	mercredi	jeudi	vendredi	samedi
	1	2	3	4	5	6
7	8	9	10	11	12	13
14	15	16	17	18	19	20
21	22	23	24	25	26	27
28	29	30	31			

mai

UNITÉ 4 : Sur la piste de la tomate carrée Copyright © Addison Wesley

A À l'aide des verbes de la liste suivante, complète le paragraphe ci-dessous. N'oublie pas de mettre les verbes au *futur simple*.

oublier	rédiger	visiter	apporter
mettre	consulter	choisir	ajouter
chercher	demander		

Ce matin, la prof nous a donné un travail très important à faire. Je veux bien réussir ce travail et obtenir une bonne note. Premièrement, je _____ un thème pour ce projet. Puis, je _____ la bibliothèque. Là, je _____ des sources d'information comme des articles de magazine ou des encyclopédies. Je _____ beaucoup de livres. Je n'_____ pas Internet. Si je ne sais pas comment trouver l'information qu'il me faut, je _____ à la bibliothécaire de m'aider. Je _____ tout ce que j'ai trouvé en ordre. Je _____ d'abord mon rapport au brouillon et j'y _____ des diagrammes et des photos. J'_____ mon travail avec moi en classe la semaine prochaine.

B Lis le paragraphe en remplaçant «je» avec «mon ami(e)».

C Puis, lis le paragraphe une deuxième fois en remplaçant «je» avec «mon ami(e) et moi».

À ton avis

Est-ce que la personne qui a écrit ce paragraphe a une bonne idée de la façon de procéder dans son travail? Explique ta réponse.

▶ Écrivons! Un courriel de Hannah

Voici un courriel que Hannah a envoyé à Élise. Complète le courriel en écrivant les verbes au *futur simple* sur les tirets.

Salut Élise! Alors, tu _____(venir) au Kenya en juillet? Je

suis tellement contente! Nous nous _____(amuser) beaucoup. Tu

_____(aimer) beaucoup mon pays. La cuisine de mon pays est

très intéressante et tu _____(manger) des mets délicieux.

Comme je te l'ai déjà dit, nous _____(visiter) une réserve et

tu _____(prendre) un tas de photos des animaux sauvages. N'oublie

pas d'apporter un stylo : tu _____(écrire) beaucoup de cartes

postales à ta famille et à tes amis au Canada. Et de l'argent, bien sûr,

parce que je suis sûre que tu _____(acheter) des souvenirs!

Amitiés, Hannah

▶ Écoutons! La bibliothèque 💿

Écoute la prof parler de la visite à la bibliothèque. Puis, réponds aux questions suivantes.

1. De quoi est-ce que la classe a parlé hier?

_____

2. Selon la prof, qu'est-ce que les élèves ont déjà trouvé?

_____

3. Qu'est-ce que les élèves vont faire aujourd'hui?

_____

4. Qu'est-ce que les élèves doivent déjà avoir choisi avant leur visite à la bibliothèque?

_____

5. Nomme trois sources d'information qui se trouvent à la bibliothèque.

_____

6. Qu'est-ce que Pierre ne doit pas faire cette fois-ci à la bibliothèque?

_____

Écoutons! Les recherches commencent

Écoute quelqu'un parler à la classe de Jean et de Julie. Puis, indique si les phrases suivantes sont *vraies* ou *fausses*. Corrige les phrases fausses.

	vrai	faux
1. C'est la professeure de biologie qui parle aux élèves.	☐	☐
2. Les élèves sont dans la bibliothèque.	☐	☐
3. Il n'y a pas d'ordinateurs dans la bibliothèque.	☐	☐
4. Les livres de biologie se trouvent dans la section B1.	☐	☐
5. On trouve tous les numéros des magazines dans la section des publications.	☐	☐
6. Les élèves demanderont de l'aide s'ils ne trouvent pas le magazine qu'ils cherchent.	☐	☐
7. Pour trouver la table des matières d'un magazine, les élèves consulteront une encyclopédie.	☐	☐
8. Un mot de passe sera nécessaire pour travailler sur Internet.	☐	☐

• Écoutons! Le lendemain matin

Écoute la conversation entre Jean et sa mère et réponds brièvement aux questions suivantes.

1. Où sont Jean et sa mère? _____

2. Quelle heure est-il? _____

3. Pourquoi est-ce que Jean va à l'école de bonne heure?

_____

4. Quelle note est-ce que Jean est certain d'obtenir pour son projet?

_____

5. À qui est-ce que sa mère a parlé hier soir? _____

6. Où est-ce qu'il habite? _____

7. Qu'est-ce qui lui cause des ennuis? _____

8. Pourquoi est-ce que Jean ne pourra pas visiter son grand-père cet été?

_____

• Écoutons! Jean, Julie et Élise

Écoute Jean, Julie et Élise parler de leur projet de sciences. Puis, indique si les phrases suivantes sont *vraies* ou *fausses*. À deux, corrigez oralement les phrases fausses.

	vrai	faux
1. Julie est surprise de trouver Élise à la bibliothèque.	☐	☐
2. Élise lit des magazines de mode à la bibliothèque.	☐	☐
3. Le projet de Jean et de Julie porte sur la manipulation génétique des animaux.	☐	☐
4. Cet été, Élise va passer trois semaines à Madagascar.	☐	☐
5. Elle va faire des recherches sur les animaux en voie d'extinction.	☐	☐
6. Elle va préparer un projet sur les oiseaux, les rhinocéros et les poissons africains.	☐	☐
7. Élise a trouvé un article intéressant sur les loups en France.	☐	☐
8. Jean et Julie vont changer le thème de leur projet.	☐	☐

Écoute les phrases suivantes. Indique si le verbe au futur est *avoir* ou être.

	avoir	être
1.	☐	☐
2.	☐	☐
3.	☐	☐
4.	☐	☐
5.	☐	☐
6.	☐	☐
7.	☐	☐
8.	☐	☐
9.	☐	☐
10.	☐	☐

Écrivons! # Pense au futur!

Mets les phrases suivantes au *futur simple*.

1. Julie est très heureuse.

_____

2. Nous sommes dans la même classe.

_____

3. Tu es mon ami, n'est-ce pas?

_____

4. Je suis intéressée aux réponses à cette question.

_____

5. Êtes-vous prêts à partir?

_____

6. Jean et Julie sont très occupés à cause de leur projet.

_____

Écrivons! Un deuxième courriel de Hannah

Voici un deuxième courriel qu'Élise a reçu de sa correspondante Hannah. Complète-le en écrivant le *futur simple* du verbe *avoir* ou *être* selon le cas.

Chère Élise,

Imagine! Tu _____ ici au Kenya dans quelques

mois! Je _____ si contente de te voir. Nous

_____ des aventures formidables! Le crois-tu

Élise? Tu _____ dans une Land-Rover quand nous

visiterons la réserve. Tu _____ chaud, bien sûr!

Tu _____ ton appareil-photo pour prendre des photos

de tous les animaux sauvages. Mais tu n'_____ pas

peur parce qu'il y _____ des gardiens pour nous

protéger. Mes parents _____ là avec nous aussi.

Je suis sûre que nous _____ beaucoup de plaisir.

Amitiés, Hannah

Écrivons! Réponse d'Élise

Voici le courriel qu'Élise a écrit en réponse au message de Hannah. Complète les phrases en choisissant le bon verbe dans la boîte ci-dessous. Écris le verbe au *futur simple*. Si tu ne connais pas la forme correcte du verbe au *futur simple*, réfère-toi aux pages 220–222 de ton livre.

étudier	être	faire	aimer	passer	avoir	pouvoir

Bonjour Hannah,

Merci de ton courriel. C'est incroyable! Nous _____

trois semaines ensemble au Kenya et on _____ un

safari-photo! Ce _____ chouette! J'_____

aussi le temps de rencontrer ta famille. Tu m'as raconté beaucoup

d'histoires sur eux. C'est ton frère ou ta sœur qui

_____ la biologie à l'université l'année prochaine?

Peut-être qu'il ou elle _____ nous accompagner pour

le safari-photo. J'_____ ma visite au Kenya, j'en

suis sûre! J'ai tellement hâte d'aller chez toi!

À très bientôt! Élise

UNITÉ 4 : Sur la piste de la tomate carrée   Copyright © Addison Wesley

A **Lis l'article qu'Élise a trouvé sur Internet.**

Dans le sud et l'est de l'Afrique, le nombre de rhinocéros noirs est tombé à moins de 2 500, un déclin de 95 % depuis 1970. On tue les rhinocéros principalement pour leurs cornes qu'on réduit en poudre. On utilise la poudre en Asie pour faire des médicaments qui combattent les fièvres. On utilise aussi les cornes pour faire des manches de couteaux.

Depuis plus de 20 ans, le commerce des cornes de rhinocéros est illégal. Un grand nombre de pays ont signé un traité contre le commerce international des espèces en voie d'extinction. Mais ce commerce illégal continue et menace les populations de rhinocéros en Afrique.

B **Complète les phrases suivantes avec les mots justes.**

1. Le rhinocéros _____ disparaît dans le sud et l'est de l'Afrique.

2. Son prédateur principal est l'_____ .

3. Le rhinocéros est chassé pour ses _____ .

4. On se sert de cette partie du rhinocéros pour faire des _____ et des _____ .

5. Le commerce des cornes de rhinocéros est _____ depuis plus de 20 ans.

C **Fais une liste de 8 mots dans l'article qui ressemblent aux mots anglais.**

_____   _____

_____   _____

_____   _____

_____   _____

A Lis les annonces publicitaires suivantes. De quel produit est-ce qu'on parle? Écris le numéro de l'annonce à côté du produit dans la liste ci-dessous.

1 Vous n'aimez pas manger de la nourriture bleue? Vous préférez qu'elle reste toujours orange? Alors, achetez...

2 Vous l'avez achetée hier soir. Ce matin vous pouvez vous en servir pour jouer au baseball mais pas pour faire des sandwiches? Achetez...

3 Vous en avez acheté une douzaine mais, quand vous ouvrez le carton à la maison, trois sont déjà cassés? Ne vous inquiétez plus. Achetez...

4 Vous voulez qu'elles restent toujours rouges, fermes et fraîches? Eh bien! «Toujours» c'est peut-être une exagération. Mais... achetez...

5 Jaunes, pas brunes! C'est comme ça que vous les aimez! Achetez...

[ ] **a)** les tomates Tourouges

[ ] **b)** les oeufs Coquilledure

[ ] **c)** le fromage cheddar Jamaisbleu

[ ] **d)** les bananes Paquita

[ ] **e)** la baguette Parisfraîche

B Écris tes idées pour une annonce publicitaire.

_____

_____

_____

_____

_____

_____

_____

Vocabulaire — Le monarque, le maïs et la pyrale

Complète les mots croisés à l'aide des indices suivants.

Toutes les réponses se trouvent dans l'article aux pages 96–97 de ton livre.

HORIZONTALEMENT :

1. Un poison qui tue les insectes

3. Une des couleurs du papillon monarque

5. L'eau sous la terre est dans des…

7. Les conséquences à long…

8. Le monarque est une sorte de…

9. L'ensemble écologique des espèces et de leur environnement

10. Le pays où les monarques passent l'hiver

11. Il travaille souvent dans un laboratoire

VERTICALEMENT :

1. Les papillons le mangent

2. Un problème très difficile

4. Il détermine le caractère héréditaire

6. Un parasite qu'on trouve dans le maïs

7. Une plante qui a reçu un nouveau gène

La manipulation génétique

A Associe chaque début de phrase numéroté à une fin de phrase précédée d'une lettre. Pour t'aider, réfère-toi à l'article aux pages 96–97 de ton livre.

1. La manipulation génétique est

2. Les biologistes peuvent introduire

3. Dans le maïs, le nouveau gène

4. À cause de ce changement,

5. Les pesticides peuvent

6. On ne connaît pas encore

☐	**a)** aide le maïs à combattre un parasite.
☐	**b)** avoir un effet négatif sur la chaîne alimentaire.
☐	**c)** une façon de changer la structure génétique d'une plante.
☐	**d)** toutes les conséquences à long terme de la manipulation génétique.
☐	**e)** un nouveau gène dans l'espèce.
☐	**f)** les pesticides ne sont plus nécessaires.

B Récris les phrases au complet.

1. _____

_____

2. _____

_____

3. _____

_____

4. _____

_____

5. _____

_____

6. _____

_____

UNITÉ 4 : Sur la piste de la tomate carrée Copyright © Addison Wesley

Écoute les phrases suivantes et écris la bonne conjonction sur le tiret.

1. Je partirai pour la bibliothèque à 9 h, _____ j'attendrai Julie avant de commencer mes recherches.

2. Nous commencerons par chercher des articles dans les journaux scientifiques _____ les journaux sont de bonnes sources d'information.

3. Est-ce que Jean cherchera de l'information sur la modification génétique, _____ est-ce qu'il fera des recherches sur les progrès accomplis dans le domaine de l'agriculture?

4. Julie naviguera sur Internet, _____ elle trouvera des sources différentes pour le projet qu'elle prépare avec Jean.

5. Élise étudiera la question des animaux en voie d'extinction _____ elle a l'intention de faire carrière en biologie.

6. La famille de Hannah habite tout près de la savane, _____ Élise et son amie Hannah visiteront une réserve zoologique _____ elles feront un safari-photo.

7. Les éléphants africains sont en voie d'extinction _____ ils sont chassés pour leurs défenses, c'est-à-dire leurs longues dents d'ivoire.

8. L'éléphant africain et le rhinocéros noir sont en voie d'extinction, _____ les scientifiques réussiront sûrement à les sauvegarder, _____ il faut rester optimiste.

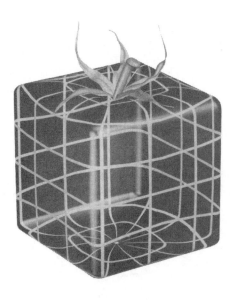

Écrivons! Le dilemme des éléphants

A À l'aide des mots de la liste, complète le paragraphe ci-dessous.

et	mais	donc
ou	c'est-à-dire	car

L'éléphant africain est chassé pour ses défenses, _____ ses longues dents d'ivoire, _____ ce produit est utilisé pour fabriquer des bijoux et des ornements dans plusieurs pays. Un Africain qui gagne 1 000 $ par an peut recevoir plus de 3 000 $ pour les défenses d'un éléphant, _____ ce commerce illégal est très difficile à abolir. Quand certains pays ont interdit le commerce de l'ivoire, cette pratique a presque cessé, _____ très vite, les contrôles sur la chasse à l'éléphant sont devenus moins stricts. Dans certains pays, la population des éléphants a augmenté _____ les éléphants ont détruit des fermes. C'est là un sérieux dilemme pour les gouvernements : doit-on protéger les animaux _____ aider les fermiers?

B Pourquoi ce commerce illégal est-il difficile à abolir?

_____

_____

_____

_____

C Peux-tu proposer des solutions?

_____

_____

_____

_____

Écoutons! **Le pour et le contre**

A Écoute le pour et le contre de deux personnes qui s'expriment sur des questions scientifiques. Indique si les deux sont *d'accord* ou *pas d'accord*.

	d'accord	pas d'accord
1.	☐	☐
2.	☐	☐
3.	☐	☐
4.	☐	☐
5.	☐	☐
6.	☐	☐
7.	☐	☐
8.	☐	☐
9.	☐	☐
10.	☐	☐

B Écoute les dialogues une deuxième fois et prends note du sujet qu'on discute. Réfère-toi à l'exemple.

1. les éléphants _____
2. _____
3. _____
4. _____
5. _____
6. _____
7. _____
8. _____
9. _____
10. _____

Écoute l'animateur d'une émission de radio nous présenter le thème de l'émission et son invité. Puis, réponds aux questions suivantes.

1. Quel est le thème de l'émission de radio?

_____

2. Où est-ce que le maïs transgénique est légal?

_____

3. Qu'est-ce que c'est que la pyrale, et qu'est-ce qu'elle fait?

_____

_____

4. Quelle solution a-t-on trouvée pour combattre la pyrale?

_____

_____

5. Qui est l'invité à cette émission radiophonique, et de quoi parlera-t-il?

_____

A **Lis le dialogue suivant entre le professeur et les gens qui appellent la station de radio.**

Appel 1 : Bonjour, Monsieur. Est-ce que le maïs est la seule plante modifiée?

M. Assad : Non, Madame. On a fait des expériences aussi sur les tomates et le soja. Mais seul le maïs a été légalisé en France.

Appel 2 : Vous avez dit les tomates, Monsieur? Est-ce qu'on a déjà réussi à créer une tomate carrée?

M. Assad : Non, jeune homme. La fameuse tomate carrée est un symbole. Elle représente le débat sur la question de la modification : la science réussira peut-être à la produire un jour, mais est-ce que ce changement est vraiment nécessaire.

Appel 3 : Est-ce qu'on a demandé l'opinion du Français moyen sur ce problème?

M. Assad : Oui, Madame, les sondages révèlent qu'en France une personne sur deux a peur des produits modifiés. Il y a aussi des scientifiques qui sont inquiets à ce sujet.

Appel 4 : Qu'est-ce qu'on peut faire alors?

M. Assad : Un groupe de citoyens et de scientifiques a recommandé au gouvernement de créer une banque d'information sur ces produits modifiés et d'en contrôler l'autorisation.

B **Écris ta propre réponse pour le cinquième appel. Utilise le *futur simple* et des conjonctions, si possible.**

Appel 5 : Est-ce que les plantes modifiées sont dangereuses?

Ta réponse : _____

_____

_____

_____

_____

Lisons! Écrivons!

A **Lis l'article suivant.**

Quand une espèce menacée menace à son tour

Tout le monde connaît le loup, le cousin du chien domestique, qui habite dans les forêts et hurle à la lune. En France, il n'y a plus de loups depuis environ 60 ans. Récemment, des loups sont venus d'Italie et se sont installés dans les Alpes françaises. Leur population comprend seulement une cinquantaine d'animaux, mais ces loups commencent à poser de graves problèmes dans la région.

Dans les Alpes, les troupeaux de moutons sont gardés par des bergers. Ces animaux vivent en liberté. Le berger, même avec l'aide de son chien, ne peut pas toujours surveiller tous ses moutons. Le soir, les loups arrivent. Ils attaquent les moutons et les tuent. L'élevage des moutons dans les Alpes est vraiment menacé par les loups, mais qu'est-ce qu'on peut faire contre cette menace?

Actuellement, le gouvernement français accorde une compensation financière aux bergers pour chaque mouton tué par les loups. C'est déjà quelque chose, mais ce n'est pas suffisant. Si ces attaques continuent, les bergers arrêteront sans doute d'élever des moutons dans la montagne. Cela veut dire qu'ils devront trouver une autre façon de vivre et de gagner de l'argent.

Bien sûr, les bergers pensent que la solution la plus simple est de tuer les loups. Mais, ce n'est pas une option, parce que le loup est une espèce protégée en France. Après tout, les seuls loups du pays sont ces prédateurs alpins.

On a suggéré la création de réserves pour les loups. Dans ces régions, on ne trouvera pas de moutons, car les bergers n'y pénétreront pas. Mais qui peut garantir que les loups ne quitteront pas la réserve pour aller chercher un bon dîner?

B **En groupes, répondez aux questions suivantes.**

1. Quel est le problème?

_____

2. Quelles sont les trois solutions proposées?

_____

_____

_____

3. Chacune de ces solutions est inacceptable. Pourquoi?

_____

_____

UNITÉ 4 : Sur la piste de la tomate carrée Copyright © Addison Wesley

Un berger des Alpes françaises fait un rêve. Écris l'histoire de son rêve, en te référant aux images ci-dessous. N'oublie pas que le berger rêve de ce qui *arrivera*, et donc il faut écrire l'histoire au *futur simple*.

L'histoire commence par :

«Un jour, je n'aurai plus de problèmes avec les loups qui attaquent mes moutons.»

Écris une phrase de l'histoire sous chaque image. Utilise ton dictionnaire français-anglais.

_____

_____

_____

_____

_____

_____

_____

_____

_____

_____

_____

_____

Écrivons! Le brouillon d'un rapport

Maintenant que tu as beaucoup d'idées pour le thème de ton rapport scientifique, choisis un thème et prépare ton rapport en faisant d'abord un brouillon. Attention! N'oublie pas les étapes d'un rapport scientifique.

1. identifier un problème   **3.** formuler une conclusion

2. proposer une solution   **4.** préparer un rapport

Problème :

_____

_____

_____

Solution :

_____

_____

_____

_____

_____

_____

_____

Autres commentaires ou observations :

_____

_____

_____

_____

Conclusion :

_____

_____

_____

_____

Mon auto-évaluation

A **Maintenant, je peux...**

	1	2	3	4
• parler des dangers qui menacent l'avenir de notre planète.				
• parler de la méthode scientifique.				
• parler des plantes, des fruits et légumes, d'autres aliments, et des animaux.				
• parler de la modification génétique des plantes.				
• rédiger un rapport scientifique.				
• utiliser des verbes conjugués au *futur simple*.				
• utiliser les conjonctions *et*, *mais*, *ou* et *donc*.				

1	**2**	**3**	**4**
rarement	parfois	souvent	toujours

B **1. Dans cette unité, j'ai beaucoup aimé**... _____

_____

_____

2. Dans cette unité, je n'ai pas aimé... _____

_____

_____

C **Autres commentaires :** _____

_____

_____

_____

Aventure en tempomobile

Mon vocabulaire personnel

Utilise ces pages pour noter le vocabulaire nécessaire pour faire le travail de cette unité. Ces pages sont à toi. Tu peux inscrire tous les mots que tu veux.

1. Pour parler d'un voyage dans le temps :

choisir une destination/une époque

visiter une personne dans le passé

_____

_____

_____

_____

2. Pour parler de l'équipement qu'on apporte :

un appareil-photo,   un magnétophone

_____

_____

_____

_____

_____

3. Pour parler d'un souvenir :

dater de,   rapporter

_____

_____

_____

_____

_____

Aventure en tempomobile

UNITÉ 5 : Aventure en tempomobile

4. Pour expliquer ton apparence et ton équipement à une personne du passé :

jouer un rôle,   mon costume national

5. Pour faire une comparaison :

mieux,   meilleur

6. D'autres mots ou expressions utiles :

Écrivons! Écoutons! Comment utiliser un dictionnaire

A **Sais-tu reconnaître un verbe, un nom, un adverbe, un adjectif? Lis les définitions et trouve le mot qui correspond. Relie-les.**

1. un mot qui décrit un verbe

2. un mot qui remplace un nom

3. un petit mot comme *avec*

4. un mot qui est une personne, une chose, un lieu

5. un mot qui indique une action

6. un mot qui décrit un nom

A. un nom

B. un adjectif

C. un pronom

D. un verbe

E. un adverbe

F. une préposition

B **Écoute la liste de mots. Identifie et encercle la bonne abréviation.**

1.	adj.	adv.	**6.**	v.	n.
2.	adj.	adv.	**7.**	adj.	adv.
3.	v.	n.	**8.**	prép.	adv.
4.	prép.	adv.	**9.**	v.	n.
5.	adj.	adv.	**10.**	v.	n.

C **Dans le lexique de ton livre, cherche les définitions des mots soulignés. Écris les abréviations que tu trouves dans le lexique à côté du mot. (Quand tu cherches un verbe, il faut chercher l'infinitif du verbe.)**

J'expliquerai les règles. Le but du jeu est de lancer le ballon dans la corbeille de l'autre équipe. On le dribble en courant, comme ça. Pour faire une passe, on fait *seulement* un pas avant de lancer le ballon à un coéquipier.

(Les gars jouent, d'abord un peu maladroitement, mais pas mal. Tout à coup, un gars réussit à lancer le ballon dans une corbeille.)

1. d'abord _____

2. avant de _____

3. ballon _____

4. but _____

5. corbeille _____

6. courant _____

7. expliquerai _____

8. passe _____

9. réussit à _____

D **Trouve les définitions des mots suivants dans le lexique de ton livre.**

1. bu _____

2. couru _____

3. été _____

4. pris _____

5. rapporté _____

6. vu _____

E **Cherche les définitions de ballon et de balle dans le lexique de ton livre. Quelle est la différence entre ces deux mots?**

1. _____

_____

2. Donne un exemple d'un jeu auquel on joue avec :

une balle _____

un ballon _____

(N'écris pas les exemples donnés dans le lexique de ton livre!)

Les voyages en tempomobile

Écoute les conversations entre André et Anne-Laure. Ils discutent des voyages possibles en tempomobile. Pendant que tu écoutes, prends des notes dans le tableau suivant. Puis, compare tes réponses avec celles de ton ou de ta partenaire. Voudrais-tu aussi visiter les destinations choisies par André et Anne-Laure?

Exemple :

André : Moi, je veux assister à un super match de hockey, à New York en 1999. C'est le dernier match de Wayne Gretzky. Comme souvenir, je rapporterai la rondelle!

Destination	Souvenir	Pourquoi les ados veulent y aller
1.		
2.		
3.		
4.		
5.		

UNITÉ 5 : Aventure en tempomobile   Copyright © Addison Wesley

Écoutons! Qu'est-ce qu'il faut apporter?

Écoute Anne-Laure et André qui voyagent dans le passé. C'est Anne-Laure qui a choisi la destination, la France à l'âge de pierre. Remplis les tirets avec les mots qui manquent.

André : Nous sommes _____ encore une fois!

Anne-Laure : C'est ta faute! Tu as oublié d' _____ la
_____ !

André : Il n'y a pas de rues par ici! La carte n'est pas _____.
Hé, regarde! Qui sont ces gens bizarres qui passent par là?

Anne-Laure : Chut! Suivons-les! Ils vont probablement à la caverne.

Anne-Laure et André suivent les gens jusqu'à l'entrée d'une caverne dans la terre. Ils veulent entrer dans la caverne, mais un homme les arrête, en faisant des gestes menaçants.

L'homme : Aggh! Ki-na-gas-ka!

André : Qu'est-ce qu'il veut? J'ai peur!

Anne-Laure : Je ne sais pas. Il parle une langue préhistorique. Le
_____ ne peut pas nous aider. Et si nous faisions des
gestes d'amitié?

L'homme (plus fort) : Ki-na-gas-ka!

André : Quels gestes? Vite!

Anne-Laure : Sourions, saluons et chantons!

●●●▶

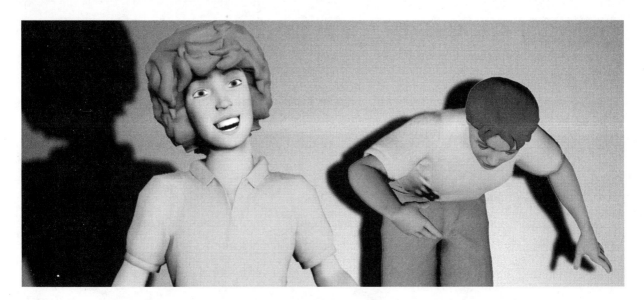

André : _____?

Anne-Laure : Oui! Frère Jacques, frère Jacques, dormez-vous, dormez-vous...

L'homme : Eyah? Ahh! Ki-na-gas.

Anne-Laure : Tu vois? Si on _____ poliment et si on salue quelqu'un, ça marche. Et si on ne peut pas parler la _____, chanter, ça fait bonne impression.

André : Nous devons enregistrer leur langue. J'ai apporté le _____ dans mon sac à dos. Il fait noir ici! Où allons-nous?

Anne-Laure : Nous entrons dans la caverne où ces gens habitent et où...

André : Ah! Qu'est-ce que c'est que ces belles peintures sur les murs de la caverne? Est-ce que ces gens les ont peintes?

Anne-Laure : Oui, ils ont peint des scènes de leur vie. Génial, n'est-ce pas?

André : Je veux prendre une photo. Où est l' _____?

Anne-Laure : Le voilà. Veux-tu plus de lumière? Voici la _____.

André : Merci. Zut! Elle ne marche pas! Où sont les _____?

Anne-Laure : Qu'est-ce qui se passe? Ah! Je comprends! Ils ont peur des allumettes!

L'homme (peureux) : Di-ja-oi-hiha-na-ta!

André : Donnons-lui de la _____. Ça le calmera. Regarde! Ils aiment les bananes. Sortons pendant qu'ils mangent.

UNITÉ 5 : Aventure en tempomobile

**Essaie ce petit test pour découvrir si tu es prêt(e) à voyager dans le temps.
Encercle tes réponses.**

1. Tu te trouves dans l'Europe du Moyen Âge. On te demande pourquoi tu portes ces vêtements bizarres. Qu'est-ce que tu fais?

   a) Tu réponds : «Ce sont mes pyjamas. Une minute, je vais m'habiller» et tu mets les vêtements de cette époque que tu as apportés.

   b) Tu réponds : «C'est vous qui vous habillez de façon bizarre, pas moi!»

   c) Malheureusement, tu as oublié d'apporter les vêtements de cette époque, donc tu réponds : «C'est mon costume national.»

   d) Tu réponds : «Je suis acteur/actrice, et ça, c'est le costume du personnage que je vais jouer.»

2. Tu prends une photo, et un garçon te demande : «Qu'est-ce que c'est, cet appareil bizarre?» Tu lui expliques :

   a) «Cet appareil m'aide à mieux voir.»

   b) «Je mets de la monnaie dans cette chose.»

   c) «C'est un jouet que j'ai acheté pour ma petite sœur.»

   d) «Je ne sais pas. Ouvrons-le et voyons.»

3. Tu rencontres des gens menaçants et tu ne comprends pas leur langue. Qu'est-ce que tu fais pour les calmer?

   a) Tu fais des gestes menaçants et puis tu cours.

   b) Tu leur souris poliment et tu fais des gestes d'amitié.

   c) Tu chantes fort.

   d) Tu leur offres quelque chose à manger et à boire.

4. Tu arrives à une destination dans le passé, mais tu ne sais pas où tu te trouves. Tu demandes à une femme qui passe :

   a) Hé! Toi! Où suis-je?

   b) Bonjour, madame, je suis perdu(e). Pouvez-vous me dire le nom de ce pays, s'il vous plaît?

5. Tu te trouves dans le passé. Tu fais la connaissance d'un homme. Il enlève son chapeau et te salue. Qu'est-ce que tu fais?

   a) Tu ris beaucoup. Quelles manières bizarres!

   b) Tu prends son chapeau et tu le mets.

   c) Tu enlèves ta casquette de baseball et tu le salues aussi.

6. Pendant un voyage dans le passé, on te vole ton magnétophone. Si le voleur découvre comment la machine fonctionne, ça peut changer l'histoire. Qu'est-ce que tu fais?

   a) Tu paniques et reviens au présent, mais ce n'est pas le «vrai» présent.

   b) Tu dois absolument retrouver le magnétophone avant de retourner au présent.

●●●▶

7. Tu te trouves dans le noir, et tu allumes la lampe de poche. Les gens ont peur parce qu'ils ne comprennent pas comment cet étrange appareil fonctionne. C'est de la magie! Qu'est-ce que tu fais?

a) Tu éteins la lumière immédiatement. Tu dis : «Comment? De la lumière? Quelle lumière?»

b) Tu dis : «Il y a un petit feu dans cet appareil qui donne de la lumière.»

8. Pendant un voyage, un homme croit que ton appareil-photo est dangereux. Il veut le détruire. Qu'est-ce que tu fais?

a) Tu dis : «Non! N'ayez pas peur! C'est un outil.»

b) Tu dis : «Oui, c'est une boîte magique. Tu as raison d'avoir peur!»

Les réponses

Pour chaque réponse correcte, tu gagnes un point, sauf dans les cas indiqués.

1. *A*, *c* et *d* sont toutes de bonnes réponses. Si tu donnes la réponse *b*, tu auras des problèmes!

2. Toutes les réponses sauf *d* peuvent être bonnes, mais ne permets pas aux gens du passé d'ouvrir l'appareil-photo. Tu perdras toutes les photos!

3. La meilleure réponse est *b*. Si tu l'as choisie, tu gagnes trois points. Si tu as choisi *d*, tu gagnes deux points. Offrir de la nourriture est un geste amical. Si tu as choisi *c*, tu gagnes deux points. La musique a un effet calmant. La pire réponse est *a*. Cette réaction peut être désastreuse! Si tu l'as choisie, tu ne gagnes rien.

4. La bonne réponse est *b*. La politesse est essentielle. N'oublie pas que les gens du passé apprécient les bonnes manières.

5. La seule bonne réponse est *d*. Connais-tu le proverbe «À Rome il faut vivre comme les Romains»?

6. La seule réponse possible est *b*. Si tu ne retrouves pas le magnétophone, ça va changer l'avenir…

7. La réponse *b* est meilleure que la réponse *a*. Les gens préfèrent des explications quand ils ne comprennent pas.

8. Ne sois pas méchant(e)! La réponse *a* est la meilleure.

Les résultats

1 à 4 points
Pas de voyages pour toi! Tu dois rester dans le présent.

5 à 8 points
Pas mal! Mais tu dois encore faire des préparatifs avant de voyager dans le temps.

9 à 11
Tu es un vrai voyageur dans le temps. Bon voyage!

Écoutons! **Où est le pronom d'objet direct?**

Écoute les phrases. Est-ce qu'elles ont un pronom d'objet direct ou non?
Encercle oui ou non.

1.	oui	non		**6.**	oui	non
2.	oui	non		**7.**	oui	non
3.	oui	non		**8.**	oui	non
4.	oui	non		**9.**	oui	non
5.	oui	non		**10.**	oui	non

Écoutons! **Quelques exercices**

Écoute les phrases. Encercle le pronom d'objet direct que tu entends dans
chaque phrase.

1.	le	la	l'	les
2.	le	la	l'	les
3.	le	la	l'	les
4.	le	la	l'	les
5.	le	la	l'	les
6.	le	la	l'	les
7.	le	la	l'	les
8.	le	la	l'	les
9.	le	la	l'	les
10.	le	la	l'	les
11.	le	la	l'	les
12.	le	la	l'	les
13.	le	la	l'	les
14.	le	la	l'	les

Écoute les phrases. Dans chaque phrase, il y a un pronom d'objet direct. À quel nom est-ce que le pronom d'objet direct se rapporte? Encercle le nom.

1. **a)** la période de temps
   b) l'homme
   c) les objets

2. **a)** le chien
   b) la fille
   c) les cailloux

3. **a)** les bijoux
   b) le trésor
   c) la voiture

4. **a)** les chats
   b) l'entrée
   c) le tempomobile

5. **a)** la figurine
   b) les bagues
   c) le bijou

6. **a)** les souvenirs
   b) les villes
   c) la tombe

7. **a)** les voitures
   b) le coffre
   c) les figurines

8. **a)** les figurines
   b) le coffre
   c) le chat

9. **a)** l'homme
   b) la femme
   c) les bijoux

• **Écrivons!** **Écris le bon pronom d'objet direct**

Remplace les mots en caractères gras par le bon pronom d'objet direct.

1. Je veux voir **les figurines**.

   _____

2. Est-ce que tu peux ramasser **les cailloux**, André?

   _____

3. Allez-vous choisir **la destination**?

   _____

4. Nous ne pouvons pas trouver **la lampe de poche**.

   _____

5. L'homme mystérieux porte **le gros sac lourd**.

   _____

6. C'est à toi d'apporter **le magnétophone**, Anne-Laure.

   _____

7. Pourquoi est-ce qu'il porte **le gros sac**?

   _____

Écrivons! La bonne place

Récris les phrases suivantes en mettant le pronom d'objet direct à la bonne place.

1. Je ne vais pas prendre. [le]

_____

2. Nous allons regarder. [les]

_____

3. Où est-ce que tu as trouvé? [le]

_____

4. C'est à toi de choisir. [la]

_____

5. Il ne doit pas examiner. [la]

_____

6. Est-ce que vous cherchez dans la tombe? [les]

_____

7. Nous essayons de ramasser. [le]

_____

8. Ils n'observent pas. [les]

_____

9. Il a essayé d'ouvrir. [la]

_____

10. Il vient de regarder. [le]

_____

11. Nous examinons. [les]

_____

12. Allez-vous rapporter? [la]

_____

Récris les phrases en remplaçant les sujets par le bon pronom sujet.

1. Le bijou est précieux.

_____

2. La lampe de poche est éteinte! Où est la lampe?

_____

3. Les peintures semblent vivantes.

_____

4. Les gens aux têtes d'animaux sont bizarres.

_____

5. Les murs sont couverts de peintures.

_____

6. D'où est-ce que l'homme sort?

_____

7. Les gros vases contiennent des aliments desséchés.

_____

8. André et Anne-Laure doivent partir immédiatement.

_____

9. Les figurines de chat sont jolies.

_____

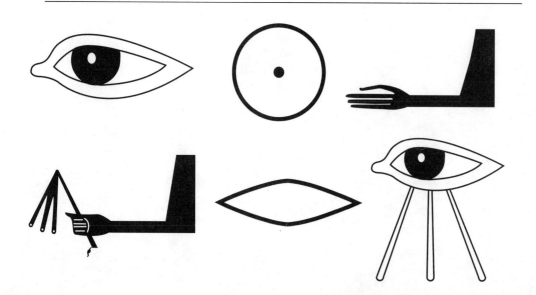

Écrivons! Voici mon souvenir du passé

Remplis les tirets avec le bon pronom.

1. Comme souvenir de mon voyage à travers le temps, j'ai rapporté un outil de l'âge de pierre. _____ voilà. Je vous _____ montre parce que je _____ trouve intéressant. _____ nous parle de la vie préhistorique. Je ne sais pas à qui _____ appartient.

2. Cette épée est mon souvenir de voyage. Je _____ aime parce qu' _____ est très belle. _____ vient de France et date du septième siècle. _____ appartient à un mousquetaire.

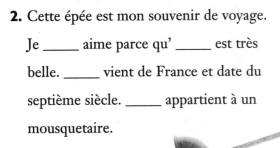

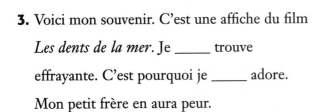

3. Voici mon souvenir. C'est une affiche du film *Les dents de la mer*. Je _____ trouve effrayante. C'est pourquoi je _____ adore. Mon petit frère en aura peur.

4. J'ai rapporté un casque de soldat. _____ date de la Deuxième Guerre mondiale. Il appartient à un soldat britannique. Je _____ ai choisi parce que je m'intéresse à cette guerre. Si vous _____ regardez de près, vous pouvez voir des marques de balle.

5. Comme souvenir, j'ai rapporté un bijou. Je _____ ai choisi parce qu' _____

vaut beaucoup d'argent et je veux _____ vendre. Vous pouvez _____ regardez,

mais remettez- _____ -moi!

6. Moi, j'ai rapporté une pièce de monnaie.

_____ vient d'un bateau de pirates.

Quand je _____ ai examinée, j'ai

remarqué que c'était de la monnaie

espagnole du dix-septième siècle. Je

_____ ai choisie parce qu' _____ va

enrichir ma collection de pièces.

7. Pendant mon voyage, j'ai trouvé cette corbeille. _____ vient d'une ville

africaine et date du quatorzième siècle. Je _____ ai rapportée parce qu' _____

est belle et utile. Dans la ville, les femmes _____ utilisent pour transporter des

légumes. Je vais _____ utiliser comme pot de fleurs.

8. Regardez mes souvenirs. Ce sont des mocassins iroquois. Vous pouvez _____

essayer. Les Iroquois _____ décorent de piquants de porcs-épics. Ils _____

fabriquent toujours. Je _____ ai choisis parce que je m'intéresse à l'histoire

autochtone.

9. Comme souvenir, j'ai rapporté ces pierres. Je _____ ai ramassées sur le sol

après l'éruption volcanique près de Pompéi, en Italie. Je _____ trouve

intéressantes parce que j'aime la géologie.

10. J'ai rapporté deux petits tapis. Je _____ ai trouvés dans un marché en Inde au

onzième siècle. Je vais _____ accrocher au mur de ma chambre à coucher parce

qu'_____ sont aussi beaux que des peintures.

Voici un extrait du journal intime de Gaston, le petit tambour qu'André et Anne-Laure ont rencontré en Russie en 1812. Les paragraphes ne sont pas dans le bon ordre. Réfère-toi au schéma suivant pour trouver le bon ordre. Écris le numéro qui indique l'ordre de chaque paragraphe dans la case. Puis, écris la fonction du paragraphe sur le tiret, comme ça : Ce paragraphe décrit les événements.

Pour écrire un journal intime, tu dois :
- donner la date et le lieu
- décrire les personnes
- décrire les événements qui se sont passés
- décrire tes réactions et tes sentiments

C'est _____

☐ Le 23 août 1812
La Russie

Ce paragraphe _____

☐ Moi, je connais l'empereur. Je le vois chaque jour, donc sa visite ne m'excite pas. J'ai bien aimé André et Anne-Laure. J'espère que je vais les rencontrer demain.

Ces paragraphes _____

☐ Aujourd'hui, j'ai rencontré deux nouveaux amis, André et Anne-Laure. J'en suis très content, parce qu'il n'y a pas beaucoup d'autres jeunes dans l'armée.

Ils ont 14 ans, deux ans de plus que moi. Ils sont beaucoup plus grands que moi. Les deux sont amusants.

Ce paragraphe _____

☐ André voulait bien voir l'empereur Napoléon. Tout à coup, le cheval de l'empereur s'est arrêté juste devant nous. André est très excité.

◖Jouons! Perdu dans la tombe!

Pour prévenir les vols, les architectes égyptiens ont construit des labyrinthes à l'intérieur des tombes. Qu'est-ce qui arrive si tu as oublié la route? C'est dommage. Tu vas probablement mourir!

En petits groupes, vous devez dessiner le plan d'un labyrinthe d'une tombe sur une grande feuille de papier. C'est la planchette. Sur la planchette, indiquez les salles, les tunnels et les impasses, comme ci-dessous. Le but du jeu est de trouver la salle du trésor.

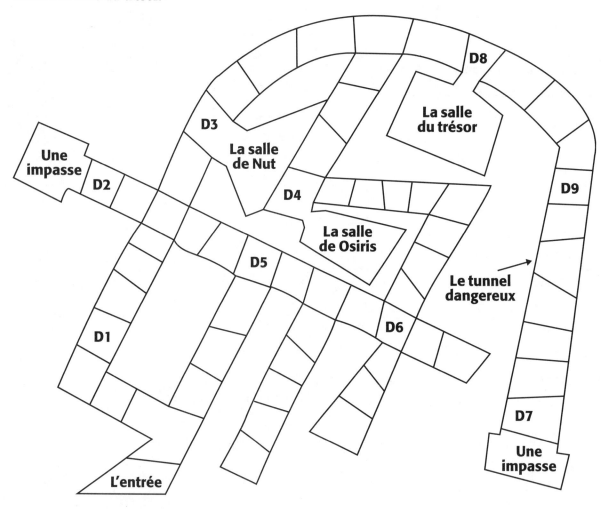

Pour jouer, vous avez besoin de dés et de cartes. Quand on jette les dés, on avance sur les espaces par le nombre marqué sur les dés. Indiquez sur la planchette les dangers en écrivant un grand *D*. Mettez les *D* à l'entrée des salles et des impasses. Pour chaque *D*, écrivez une carte qui correspond au danger. Mettez un numéro sur la carte et sur la planchette. Chaque fois que vous vous arrêtez sur un espace marqué *D1*, vous devez prendre la carte marquée *D1*.

Indiquez la salle du trésor sur la carte. Le premier joueur qui arrive dans la salle du trésor gagne la partie.

Les cartes

Coincé(e)! Recule de cinq pas.

Pas de sortie! Retourne à l'entrée.

Tu as perdu la route. Retourne à l'entrée.

Ta lampe de poche est éteinte! Recule de quatre pas.

Entre dans la salle de Nut. Tu seras en sécurité.

Si tu entres dans cette salle, tu ne dormiras plus jamais!

Si tu ouvres ce coffre, tu perdras tes cheveux!

Si tu prends ce trésor, tu ne verras plus jamais le soleil!

Si tu entres dans ce tunnel, ton nez tombera par terre!

Tu ne sortiras jamais de cette tombe!

La tombe

L'entrée

La salle du trésor

La salle de Osiris

La salle de Nut

Le tunnel dangereux

Une impasse

Expressions utiles

Jette les dés!

Avance de trois pas.

Recule de deux pas.

C'est à toi de jeter les dés.

C'est à toi de jouer.

C'est à ton tour.

Prends une carte.

Vas-y!

Lis l'exemple. Donne ton avis sur les sujets suivants.

Exemple :

Les films de Walt Disney/Les films de Steven Spielberg/Les films de Norman Jewison : être intéressant

a) Les films de Jewison sont intéressants.
b) Les films de Disney sont plus intéressants que les films de Jewison.
c) Les films de Spielberg sont les plus intéressants.

1. Les voyages sous la mer/Les voyages sur la lune/Les voyages dans le temps : être fascinant

a) _____

b) _____

c) _____

2. Mon invention/Ton invention/L'invention de mon ami : être utile

a) _____

b) _____

c) _____

3. Je/Nous/Tu : comprendre vite

a) _____

b) _____

c) _____

4. La cuisine italienne/La cuisine mexicaine/La cuisine chinoise : être délicieux

a) _____

b) _____

c) _____

5. Je/Mes amis/Ma sœur : parler rapidement

a) _____

b) _____

c) _____

UNITÉ 5 : Aventure en tempomobile Copyright © Addison Wesley

Bon, bien, meilleur

Lis l'exemple à la page 114 du cahier. Donne ton avis sur les sujets suivants.

1. La cabine/La piscine/La salle de danse : être bon

    a) _____

    b) _____

    c) _____

2. Mon dictionnaire/Ton dictionnaire/Le dictionnaire d'Anne-Laure : être bon

    a) _____

    b) _____

    c) _____

3. La cabine de Philippe/La cabine du capitaine/La cabine de Mme Astor : être bon

    a) _____

    b) _____

    c) _____

4. Le déjeuner/Le dîner/Le souper : être bon

    a) _____

    b) _____

    c) _____

5. Un voyage à Londres/Un voyage à New York/Un voyage à Paris : être bon

    a) _____

    b) _____

    c) _____

6. Voyager en train/Voyager en bateau/Voyager en avion : être bon

    a) _____

    b) _____

    c) _____

Écrivons! Mieux, mieux, mieux

Lis l'exemple. Donne ton avis sur les sujets suivants. Attention! *Bien* **est placé avant le verbe à l'infinitif, mais après le verbe quand il est conjugué.**

Exemple :

Ton ordinateur/Mon ordinateur/Son ordinateur : bien marcher

a) Ton ordinateur marche bien.

b) Mon ordinateur marche mieux que ton ordinateur.

c) Son ordinateur marche le mieux.

1. M. Guggenheim/M. Straus/Mme Astor : bien jouer au tennis

a) _____

b) _____

c) _____

2. André/Anne-Laure/Philippe : bien nager

a) _____

b) _____

c) _____

3. Le capitaine/Le chef/Philippe : bien manger à bord du Titanic

a) _____

b) _____

c) _____

4. Les passagers de première classe/Les passagers de deuxième classe/Les passagers de troisième classe : bien s'amuser

a) _____

b) _____

c) _____

5. Philippe/André/Anne-Laure : bien danser

a) _____

b) _____

c) _____

UNITÉ 5 : Aventure en tempomobile

Écoute une publicité pour le Titanic et remplis les tirets avec les mots qui manquent.

Le Titanic, le meilleur navire de la Ligne blanche d'étoile

Voulez-vous _____ dans le luxe? Le plus grand, le plus beau,

le plus luxueux, le meilleur _____ au monde, c'est le Titanic.

Les _____ sont les mieux construites et les mieux décorées de

toutes. Elles ont tout le confort moderne.

Le Titanic a le meilleur choix d' _____ de tous les navires. Vous

pouvez vous _____ en jouant aux cartes au casino ou à la boule

sur le pont. Vous pouvez _____ dans la plus grande et la plus

élégante salle du monde. Vous pouvez _____ dans la meilleure

_____ intérieure du monde.

Le Titanic sert les plus _____ repas de tous les navires.

Le Titanic est le navire le mieux _____ du monde. Il est

insubmersible!

De tous les navires de la Ligne blanche d'étoile, c'est à _____

du Titanic que vous vous amuserez le mieux.

Alors, qu'est-ce que vous attendez? Faites vos

_____! Bon voyage!

Une règle pour les voyages dans le temps est qu'on ne doit pas changer l'histoire. C'est pourquoi Anne-Laure et André ne peuvent pas dire à Philippe qu'il va mourir s'il monte à bord du Titanic.

Les ados ont eu beaucoup d'autres aventures en tempomobile. À cause de leurs aventures, voilà ce qui s'est passé...

Écoute les phrases et coche la bonne case. Est-ce que les ados ont changé l'histoire ou non?

	oui	non
1.	☐	☐
2.	☐	☐
3.	☐	☐
4.	☐	☐
5.	☐	☐
6.	☐	☐
7.	☐	☐
8.	☐	☐

Mon auto-évaluation

A Maintenant, je peux…

	1	2	3	4
• écrire une description d'un voyage dans le temps dans mon journal intime.				
• expliquer pourquoi j'ai choisi une destination et une personne à visiter dans le passé.				
• décrire un souvenir que j'ai rapporté.				
• utiliser les pronoms d'objets directs.				
• utiliser les pronoms sujets.				
• utiliser le comparatif et le superlatif *bon* et *bien*.				

1	2	3	4
rarement	parfois	souvent	toujours

B 1. Dans cette unité, j'ai beaucoup aimé… _____

_____

_____

2. Dans cette unité, je n'ai pas aimé… _____

_____

_____

C Autres commentaires : _____

_____

_____

_____

_____

Soirée des étoiles

Mon vocabulaire personnel

Utilise ces pages pour noter le vocabulaire nécessaire pour faire le travail de cette unité. Ces pages sont à toi. Tu peux inscrire tous les mots que tu veux.

1. Pour parler des festivals des arts :

la danse,   la musique

_____

_____

_____

_____

_____

2. Pour parler de la musique :

les paroles,   le rock

_____

_____

_____

_____

_____

3. Pour décrire les arts visuels ou les objets d'art :

les couleurs vives,   les lignes droites

_____

_____

_____

_____

_____

UNITÉ 6 : Soirée des étoiles

4. Les parties d'une lettre :

l'adresse, la signature

_____

_____

_____

_____

_____

5. Les verbes suivis de la préposition *à* :

parler à, téléphoner à

_____

_____

_____

_____

_____

6. D'autres mots ou expressions utiles :

_____

_____

_____

_____

_____

_____

A Écoute parler les jeunes artistes que tu vois aux pages 130–131 de ton livre. Écris le nom qui correspond à chaque artiste suivant.

1. le jongleur _____

2. la danseuse _____

3. la batteuse _____

4. la potière _____

5. le sculpteur _____

6. la couturière _____

7. le peintre _____

B Écoute une deuxième fois les artistes parler et complète les phrases suivantes.

1. Le jongleur pratique souvent son art à _____.

2. La danseuse et son petit ami font du _____.

3. La musicienne a mentionné quatre instruments : _____,
_____, _____, _____.

4. Le studio de la potière est dans un _____ que son père a converti.

5. Le sculpteur fait des _____ en fer qu'on peut mettre dans le _____.

6. La couturière a utilisé de vieux _____ pour faire une robe.

7. Le peintre veut montrer ses _____ dans ses tableaux.

Écoute la conversation entre quatre élèves de neuvième année et indique si les phrases suivantes sont *vraies* ou *fausses*. Corrige les phrases fausses.

	vrai	faux

1. Claudine veut partager son dîner avec ses copains.

_____

2. On a vu une affiche pour la Soirée des étoiles à l'école.

_____

3. La Soirée des étoiles aura lieu pendant une fin de semaine au mois de mai.

_____

4. Alex aimerait mieux assister à une soirée dédiée à la technologie.

_____

5. Jasmine croit qu'on aimera la Soirée des étoiles même si on n'est pas artiste.

_____

6. Il y aura un spectacle et une exposition.

_____

7. Claudine a déjà vu David Williams jongler à un festival des arts.

_____

8. On cherche des élèves pour faire la publicité.

_____

9. Alex a un oncle qui est jongleur.

_____

10. La Volée d'Castors est un groupe qui fait de la musique classique.

_____

A **Démêle les lettres pour trouver les mots ou expressions qui correspondent aux indices. Pour t'aider, tu peux consulter le passage aux pages 132–133 de ton livre.**

1. Un événement où des jeunes font preuve de talent artistique.

SIERÉO SED OETIÉSL

UNE __ __ __ __ __ __ __ __ __ __ __ __ __ __ __ __

③ ⑯ ⑨

2. Je le regarde pour avoir des informations sur la Soirée des étoiles.

TÉDLIPNA CIITRIELUABP

UN __

⑧ ⑳

3. Je dois l'acheter si je veux aller à la Soirée des étoiles.

BIETLL D'NEÉTER   UN __ __ __ __ __ __ ' __ __ __ __ __ __ __

⑤ ⑫ ⑭

4. Il ne faut pas payer. C'est _____.

TUARIGT __ __ __ __ __ __ __

④

5. Un verbe qui signifie *être présent à*.

RSETSIAS À __ __ __ __ __ __ __ __ __

⑲ ⑩

6. Un spectacle comprend beaucoup de _____.

SONÉURM __ __ __ __ __ __ __

⑪

7. Un groupe de gens qui ont pour but d'aider les autres.

REASNMIOG ED HIÉRACT

UN __ __ __ __ __ __ __ __ __ __ __ __ __ __ __ __ __ __ __

㉑ ① ⑮

8. Un groupe de gens qui se rencontrent pour discuter d'un sujet.

NÉIURON   UNE __ __ __ __ __ __ __

⑥

9. Un groupe de gens qui organisent un événement.

COÉTIM GONSIUTERRAA

UN __ __ __ __ __ __ __ __ __ __ __ __ __ __ __ __ __ __
                         ⑬   ②   ⑱

10. Une autre façon de dire *beaucoup de*.

ATS ED   UN __ __ __ __ __
                ⑦   ⑰

B **Maintenant, sers-toi des lettres numérotées pour trouver la question-mystère.**

__ __ - __ __ __ __ __ __ __ __ __ __
 1 2   3 4   5 6   7 8 9 10 11 12

__ __ __ __ __ __ __ Q __ __ ?
13 14 15 16 17 18 19   20 21

Écoutons! De qui parle-t-on?

Écoute les phrases suivantes. Est-ce que le pronom *lui* ou *leur* se rapporte à mon ami ou à mes amis? Coche la bonne case.

	à mon ami	à mes amis
1.	☐	☐
2.	☐	☐
3.	☐	☐
4.	☐	☐
5.	☐	☐
6.	☐	☐
7.	☐	☐
8.	☐	☐

Écrivons! La bonne place

Récris les phrases suivantes en insérant le pronom indiqué à la bonne place.

1. (lui) Est-ce que tu expliqueras l'organisation de la soirée?

_____

2. (leur) On écrira une lettre pour expliquer notre projet.

_____

3. (lui) Elle demandera son autographe.

_____

4. (lui) J'offrirai un maximum de 20 $ pour une de ses sculptures.

_____

5. (leur) Ils diront s'ils aiment le disque compact.

_____

6. (leur) Est-ce que les musiciens demanderont beaucoup d'argent?

_____

Réponds aux questions suivantes en remplaçant les mots soulignés par le bon pronom.

Exemple : Tu parleras à tes parents de la Soirée des étoiles?

Oui, je leur parlerai de la Soirée des étoiles.

1. Tu téléphoneras à Marc?

Oui, _____

2. Tu demanderas à ton oncle de présenter un tour de magie?

Oui, _____

3. Tu donneras les billets gratuits aux professeurs?

Non, _____

4. Tu transmettras le message au président du comité?

Bien sûr, _____

5. Tu expliqueras la situation aux participants?

Oui, _____

6. Tu diras au jongleur que les œufs doivent être cuits durs?

Non, _____

7. Tu écriras une lettre à ta tante?

Sans doute, _____

8. Tu présenteras des fleurs aux chanteuses?

Oui, _____

9. Tu permettras au sculpteur d'afficher de la publicité?

Non, _____

10. Tu poseras cette question à la directrice?

Oui, _____

Écoute les phrases qui contiennent les pronoms *le, la, l', les, lui* et *leur*. À quoi les pronoms se rapportent-ils? Coche la bonne colonne.

	Le dépliant publicitaire	La sculpture	Les membres du comité	Au magicien	Aux membres du groupe vedette
1.					
2.					
3.					
4.					
5.					
6.					
7.					
8.					
9.					
10.					

Écrivons! Une invitation persuasive

A **Complète la conversation suivante en utilisant les mots de la liste.**

— Voudrais-tu aller au _____ dimanche?

— Quoi? Tu n'es pas _____...

— Oui. Il y a une _____ spéciale sur l'Égypte ancienne.

J'ai _____ dire que c'est une exposition absolument

sensass... à ne pas _____!

— Je ne _____ pas...

— Tu dois y _____! Ça va être _____!

Il y aura des momies et des trésors!

— J'ai l'impression que ce sera une excursion _____.

— Pas du tout! Ce sera instructif, mais _____ aussi.

Et il n'y aura pas de _____!

— _____. À quelle heure est-ce qu'on y va?

aller	amusant	d'accord	entendu
exposition	fantastique	manquer	musée
profs	sais	ennuyeuse	sérieux

B **Quand tu essaies de persuader quelqu'un de faire quelque chose, il faut lui expliquer pourquoi il va aimer cette chose. Identifie trois raisons données dans la conversation ci-dessus.**

_____

_____

_____

C **Trouve trois adjectifs persuasifs utilisés dans la conversation.**

_____

_____

_____

UNITÉ 6 : Soirée des étoiles

⬤ Écrivons! **Mon artiste ou groupe préféré**

Ⓐ Relis les informations sur le groupe La Volée d'Castors à la page 136 de ton livre. Puis remplis le tableau.

nom du groupe/de l'artiste	
membres, instruments	
genre de musique, inspiration musicale	
disques compacts récents	

Ⓑ Maintenant, remplis le deuxième tableau avec les informations de ton artiste ou groupe préféré. Tu peux utiliser les mêmes catégories que celles du tableau ci-dessus. Mais si ton artiste n'est pas musicien, tu peux créer d'autres catégories.

nom du groupe/de l'artiste	

UNITÉ 6 : Soirée des étoiles

Écoutons! Aux auditions

A Marc et Alex assistent aux auditions pour le spectacle musical. Écoute leur conversation. Associe les deux colonnes pour faire des phrases.

1. Marc et Alex sont

2. Les deux artistes qui les ont impressionnés

3. Les deux musiciens ont

4. Leurs deux chansons étaient

5. Les deux gars vont

a) s'appellent Paulette et Victor.

b) leur poser beaucoup de questions.

c) très impressionnés par le groupe.

d) joué de la guitare.

e) rythmiques et rapides.

B Écoute la conversation une deuxième fois. Est-ce que Marc et Alex ont décidé de poser les questions suivantes? Coche *oui* ou *non*.

	oui	non
1. Est-ce que Paulette et Victor ont du talent?	☐	☐
2. Depuis quand chantent-ils ensemble?	☐	☐
3. Est-ce qu'ils jouent des instruments à part la guitare?	☐	☐
4. Est-ce qu'ils connaissent Claudine?	☐	☐
5. Chantent-ils des chansons moins rythmiques?	☐	☐
6. Quels sont leurs goûts personnels en musique?	☐	☐
7. Est-ce qu'ils s'intéressent à d'autres carrières?	☐	☐
8. Est-ce que Paulette sort avec Victor?	☐	☐

C Maintenant, compose cinq questions que les gars vont poser à Paulette et Victor. Réfère-toi à tes réponses aux questions de la partie B.

1. _____

2. _____

3. _____

4. _____

5. _____

Récris les phrases suivantes en remplaçant l'expression soulignée par la bonne expression indiquée dans la liste.

des instruments de percussion	le bonheur	faire la connaissance de
un poète	un rêve	paroles
une ballade traditionnelle	j'ai hâte de	ennuis

1. Je voudrais <u>rencontrer</u> la chanteuse.

_____

2. Paulette et Victor ont commencé par jouer de la musique <u>folklorique</u>.

_____

3. Une chanson est composée de <u>mots</u> et de musique.

_____

4. <u>Quelqu'un qui écrit des poèmes</u> a composé les paroles de cette chanson.

_____

5. Melissa joue <u>de la batterie</u> dans un groupe rock.

_____

6. Paulette a des <u>problèmes</u> avec la guitare : elle la trouve difficile.

_____

7. Je voudrais qu'ils chantent <u>une chanson lente et sentimentale</u>.

_____

8. Cette chanson exprime <u>l'émotion qu'on ressent quand on est heureux</u>.

_____

9. Être des vedettes célèbres est <u>un fantasme</u> pour nous.

_____

10. <u>Je suis impatient de</u> les écouter de nouveau.

_____

Au présent ou au passé?

A Écoute les phrases et indique si elles sont au *présent* ou au *passé composé*.

	présent	passé composé
1.	☐	☐
2.	☐	☐
3.	☐	☐
4.	☐	☐
5.	☐	☐
6.	☐	☐
7.	☐	☐
8.	☐	☐
9.	☐	☐
10.	☐	☐

B Écoute les phrases une deuxième fois et écris le pronom que tu entends : *lui* ou *leur*.

1. _____
2. _____
3. _____
4. _____
5. _____
6. _____
7. _____
8. _____
9. _____
10. _____

Récris les phrases suivantes au *passé composé*. Fais attention à la place du pronom.

1. Nous lui parlons.

_____

2. Elle leur demande de manger avec nous.

_____

3. Je ne lui réponds pas tout de suite.

_____

4. Sa tante lui donne des chaussettes.

_____

5. Paulette et Victor leur chantent une ballade.

_____

6. Nous ne leur montrons pas le dépliant publicitaire.

_____

7. Tu ne lui téléphones pas?

_____

8. Mes amies lui disent bonjour.

_____

9. Claudine et Jasmine ne lui parlent pas.

_____

10. Marc et Alex leur décrivent la soirée.

_____

Récris les phrases suivantes en y ajoutant le verbe indiqué. Fais attention à la place du pronom!

Exemple : Je lui parle ce soir. (aller)

Je <u>vais</u> lui parler ce soir.

1. Nous leur montrons le dépliant. (devoir)

_____

2. Nous ne lui donnons pas un billet gratuit. (pouvoir)

_____

3. Les filles leur font un compliment. (aller)

_____

4. Tu ne lui demandes pas de faire un tour de magie? (vouloir)

_____

5. Ma mère lui parle au téléphone. (aimer)

_____

6. Grand-mère leur donne de l'argent. (préférer)

_____

7. Je lui réponds par courrier électronique. (adorer)

_____

8. Elle leur montre ses photos. (commencer à)

_____

9. Elles leur expliquent la Soirée des étoiles. (pouvoir)

_____

10. Marc ne lui demande pas de sortir. (vouloir)

_____

A Compose au moins six questions que tu vas poser à ton ou ta partenaire au sujet de son artiste ou groupe préféré. Réfère-toi aux idées au bas de la page et à l'entrevue aux pages 139–140 de ton livre. Essaie de poser des questions originales.

Nom de l'artiste/du groupe de ton/ta partenaire : _____

1. Question : _____

Réponse : _____

_____

2. Question : _____

Réponse : _____

_____

3. Question : _____

Réponse : _____

_____

4. Question : _____

Réponse : _____

_____

5. Question : _____

Réponse : _____

_____

6. Question : _____

Réponse : _____

_____

B Pose les questions à ton ou ta partenaire et note ses réponses en bas de chaque question dans la partie A.

Idées

- quand il/elle a commencé cet art
- message(s) de ses chansons/son art
- préférences musicales

- instruments
- inspiration

Écoute la publicité radiophonique de Claudine et Jasmine pour la Soirée des étoiles. Remplis les tirets avec les mots que tu entends.

«Je m'ennuie! Je n'ai rien à _____!» Êtes-vous fatigué des mêmes

routines _____? Eh bien, c'est votre _____

de chance... Le jeudi 24 avril, l'école secondaire Trudeau vous présente la Soirée

des étoiles. Il y en _____ pour tous les goûts : de la musique, de

la magie, des _____ ainsi qu'une exposition de peinture et de

_____. Et ce n'est pas tout! Venez voir d'autres formes d'artisanat :

des _____ originaux faits de tissus _____ et des

sculptures de fer forgé en formes _____.

Dès que vous avez faim, venez goûter nos plats _____ préparés

par nos jeunes cuisiniers. Pendant que vous mangez, ne _____

pas le groupe vedette de la soirée, La Volée d'Castors, en direct du

_____ avec sa musique _____.

Alors réfléchissez! Une soirée ennuyante ou la chance de découvrir

un nouveau _____... ou peut-être un

prochain Picasso!

Notez bien le 24 avril sur votre _____.

Les jeunes artistes de notre communauté ont

_____ de votre encouragement.

Billets d'entrée : cinq dollars, au

bénéfice des _____

locaux de charité.

À quelle image est-ce qu'on associe chaque opinion? Écris la lettre de l'opinion dans la case correspondante.

a) — Je l'aime beaucoup. Les formes circulaires sont fascinantes.

b) — Je l'aime pour sa simplicité et ses lignes droites.

c) — Moi, je pense que c'est captivant, avec cet arbre à l'arrière-plan.

d) — Quand je regarde ce tableau, je pense aux nuages et à la géographie.

e) — À mon avis, c'est une photo un peu effrayante, surtout à cause de cette grosse araignée à l'avant-plan.

f) — Je crois que la texture est trop rude. Je ne veux pas le porter.

1.

4.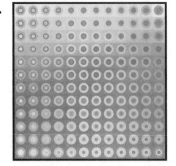

2.

5.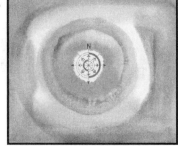

3.

6.

Écoutons! Les messages téléphoniques

A **Écoute bien. C'est le lendemain de la Soirée des étoiles. Alex téléphone à Claudine et lui laisse un message. Complète le message avec les bons signes de ponctuation. Pour t'aider, regarde la liste des signes de ponctuation.**

Signes de ponctuation			
.	un point	,	une virgule
!	un point d'exclamation	?	un point d'interrogation

Bonjour _____ Claudine _____ Alex à l'appareil _____ J'ai une idée _____ j'ai

vu la photographe du journal de l'école au spectacle de musique hier soir _____

Je crois qu'elle s'appelle Maria _____ C'est l'amie de Jasmine _____ Nous

pourrions peut-être envoyer quelques-unes de ses photos au journal de la

ville _____ C'est une bonne publicité _____ non _____ Fais-moi savoir si

tu es d'accord _____ Au revoir _____

B **Maintenant, Claudine téléphone à Jasmine et lui laisse un message. Écoute attentivement le message et écris-le.**

_____

_____

_____

_____

_____

_____

_____

_____

_____

_____

C **Écoute le message une deuxième fois pour vérifier l'orthographe et la ponctuation.**

● Écrivons! **Quel pronom?**

Complète chaque réponse avec le bon pronom : *le, la, l', les, lui* ou *leur*.

1. — Est-ce que tu cherches Claudine?

— Oui, je _____ cherche. Où est-elle?

2. — Montre-moi le dépliant publicitaire.

— _____ voilà. Nous n'avons pas encore toutes les photos.

3. — Tu as discuté de ce sujet avec la directrice?

— Je _____ parlerai demain matin.

4. — Pourquoi a-t-elle invité des musiciens folkloriques?

— Elle _____ adore. Elle dit qu'ils sont formidables.

5. — As-tu vu leurs instruments?

— Non. On ne sait pas où ils _____ ont mis. Quelle catastrophe!

6. — Il est onze heures. Tes parents vont s'inquiéter.

— Tu as raison. Je _____ téléphonerai dans cinq minutes.

7. — Pourquoi est-ce que le jongleur rougit?

— Je _____ ai dit que Claudine _____ trouve très beau.

8. — Qu'est-ce que le magicien a dit aux spectateurs?

— Il _____ a expliqué que le silence est nécessaire.

9. — Est-ce que nous devons payer les musiciens?

— Non, nous _____ donnerons une tasse en souvenir.

10. — Alex ne peut pas préparer le dépliant.

— Mais si! Je _____ montrerai comment _____ préparer sur l'ordinateur.

Copyright © Addison Wesley

Mon auto-évaluation

A Maintenant, je peux...

	1	2	3	4
• parler des différents moyens d'expression artistique.				
• parler de mes artistes préférés.				
• utiliser les pronom d'objets indirects *lui* et *leur* pour éviter la répétition.				
• écrire une lettre.				
• décrire différents moyens d'expression artistique.				

1	**2**	**3**	**4**
rarement	parfois	souvent	toujours

B 1. Dans cette unité, j'ai beaucoup aimé… _____

_____

_____

2. Dans cette unité, je n'ai pas aimé… _____

_____

_____

C Autres commentaires : _____

_____

_____

_____

_____

_____

Canal animal

Utilise ces pages pour noter le vocabulaire nécessaire pour faire le travail de cette unité. Ces pages sont à toi. Tu peux inscrire tous les mots que tu veux.

1. Pour parler des espèces d'animaux :

une baleine, un éléphant
_____
_____
_____
_____
_____

2. Pour parler des caractéristiques des animaux :

domestique, sauvage
_____
_____
_____
_____
_____

3. Pour parler du bon traitement des animaux :

dresser, maltraiter
_____
_____
_____
_____
_____

UNITÉ 7 : Canal animal

4. Pour parler des conditions de vie des animaux :

captif, un enclos

_____

_____

_____

_____

5. Pour parler des questions qui concernent les animaux :

les droits des animaux, enfermer

_____

_____

_____

_____

_____

6. Pour décrire les émotions :

déprimé, être heureux de

_____

_____

_____

_____

Écrivons! Quels animaux t'intéressent?

Choisis cinq animaux qui t'intéressent dans le tableau et explique pourquoi.
Choisis des mots suggérés dans la boîte pour remplir le tableau.

Exemple :

Le lapin ne m'intéresse pas parce qu'il est timide.

Si tu ne connais pas un mot dans la boîte suivante, cherche-le dans un dictionnaire
français-anglais ou dans le lexique de ton livre.

actif, active	affectueux, affectueuse	amical(e)	aimable
amusant(e)	apprivoisé(e)	curieux, curieuse	effrayant(e)
féroce	fiable	intelligent(e)	joueur, joueuse
prédateur, prédatrice	sauvage	sociable	paresseux, paresseuse

Cet animal	M'intéresse	Parce qu'il/elle est
la baleine		
le boa constricteur		
le cheval		
le chien		
le chimpanzé		
le dauphin		
l'éléphant		
la gerbille		
le loup		
le perroquet		
la tarentule		

Écrivons! À l'animalerie

Complète cette conversation entre Jamie et Mme De Rosa, la propriétaire d'une animalerie. Remplis les tirets avec les bons mots interrogatifs.

où	pourquoi	combien	quand
quoi	quel/quelle	comment	qu'est-ce que

Mme De Rosa : Bonjour. Puis-je vous aider?

Jamie : Oui, je voudrais acheter un animal de compagnie.

Mme De Rosa : _____ sorte d'animal? Nous en avons beaucoup.

Jamie : Euh… je ne sais pas. _____ vous recommandez?

Mme De Rosa : Ça dépend de votre personnalité. _____ est-ce que vous voulez un animal?

Jamie : Parce que j'aime jouer avec les animaux de mes amis.

Mme De Rosa : Alors, je suggère un chien. Les chiens sont joueurs. Regardez ces petits chiots labradors.

Jamie : Ce chiot est très aimable! _____ sont les labradors?

Mme De Rosa : Ils sont très aimables et affectueux.

Jamie : Si je l'achète, _____ est-ce qu'il dormira?

Mme De Rosa : Il dormira dans un petit lit de chien.

Jamie : _____ il mange?

Mme De Rosa : Il mange de la nourriture pour chiens, de la viande et des os.

Jamie : Avec _____ est-ce qu'il peut jouer?

Mme De Rosa : Il peut jouer avec toutes sortes de choses : avec une balle, un os, un soulier…

Jamie : _____ pèsera-t-il à l'âge adulte?

Mme De Rosa : Environ 34 à 39 kilos (75 à 85 livres).

Jamie : _____ d'années est-ce qu'il vivra?

Mme De Rosa : Il peut vivre jusqu'à quinze ans, si vous prenez soin de lui.

En français, on peut entendre trois types de phrases : une question, une phrase déclarative et une exclamation. Pour une question, la voix monte à la fin de la phrase. Pour une phrase déclarative, la voix baisse à la fin de la phrase. Pour une exclamation, la voix est plus forte.

Maintenant, écoute bien. Tu vas entendre un exemple de chaque type de phrase.

Voici une question : Est-ce que vous allez acheter une tarentule?

Voici une phrase déclarative : Je vais acheter une tarentule.

Voici une exclamation : Je vais acheter une tarentule!

Écoute les phrases suivantes et encercle la bonne réponse.

1. a) une phrase déclarative
   b) une question
   c) une exclamation

2. a) une phrase déclarative
   b) une question
   c) une exclamation

3. a) une phrase déclarative
   b) une question
   c) une exclamation

4. a) une phrase déclarative
   b) une question
   c) une exclamation

5. a) une phrase déclarative
   b) une question
   c) une exclamation

6. a) une phrase déclarative
   b) une question
   c) une exclamation

● **Écoutons!** **Les pronoms sujets** 💿

Écoute chaque phrase. Est-ce qu'elle contient un pronom sujet ou non? Encercle *oui* ou *non*.

1. oui   non

2. oui   non

3. oui   non

4. oui   non

5. oui   non

6. oui   non

7. oui   non

8. oui   non

Essaie ce test que Mme De Rosa donne à tous les nouveaux maîtres pour savoir s'ils seront responsables.

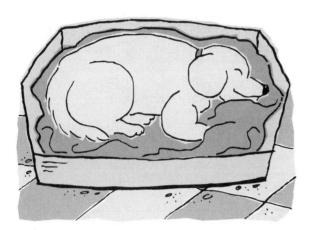

1. Où est-ce que votre nouveau chiot dort?

   a) dans le garage

   b) dans la salle de bains

   c) dans un lit de chien

2. Qu'est-ce que votre chiot mange?

   a) des frites

   b) de la nourriture pour chiens

   c) des carottes

4. Votre chiot mordille vos souliers. Qu'est-ce que vous faites?

   a) Vous le frappez.

   b) Vous ne lui donnez pas de nourriture.

   c) Vous l'emmenez dans une école de dressage.

3. Avec quoi est-ce que votre chiot joue?

   a) plusieurs petits jouets : une balle, un os et un chat en peluche

   b) le chat de la maison voisine

   c) des souliers

5. Chaque fois que vous promenez votre chiot, il poursuit les chiens et les chats. Qu'est-ce que vous faites?

   a) Vous le promenez au centre commercial où il n'y a pas d'autres animaux.

   b) Vous le tenez en laisse.

   c) Vous ne le promenez plus. S'il se conduit mal, il reste à la maison!

●●●▶

6. Qu'est-ce que vous faites quand votre chiot est malade?

   a) Vous l'emmenez chez le vétérinaire.

   b) Vous lui donnez quelques aspirines.

   c) Vous lui donnez seulement de l'eau.

7. Où est-ce que votre chiot fera ses besoins?

   a) Dans la cour. C'est à vous de les ramasser!

   b) Dans le garage, mais ce n'est pas très propre!

   c) Dans une litière, comme les chats.

8. Nettoyez-vous souvent sa niche?

   a) Jamais.

   b) Une fois par mois.

   c) Tous les jours.

Les réponses

1. c) Les chiots préfèrent dormir dans un lit de chien.

2. b) Vous devez donner de la nourriture pour chiens à un chiot, bien sûr! Ne donnez pas de nourriture pour humains aux chiens. Ils peuvent grossir s'ils en mangent trop.

3. a) Les chiots aiment les petits jouets.

4. c) C'est une bonne idée de dresser votre chiot à bien se conduire. Vous pouvez aussi l'emmener dans une école de dressage.

5. b) Quand on promène les chiots, il faut les tenir en laisse.

6. a) Vous devez l'emmener chez le vétérinaire. Il ne faut pas donner aux animaux des médicaments pour les humains.

7. a) Dans la cour. Les chiots ne font pas leurs besoins dans une litière, comme les chats.

8. b) Les chiots ne font pas leurs besoins dans leur niche, donc vous ne devez pas les nettoyer fréquemment.

Les résultats

0 à 3 points
Vous devez apprendre beaucoup de choses avant d'avoir un chiot!

4 à 6 points
Pas mal, mais vous devez apprendre encore quelques faits avant d'avoir un chiot!

7 à 8 points
Vous êtes responsable et votre chiot est entre bonnes mains!

● Parlons! **Un cochon, un furet ou un iguane?**

A **Imagine que tu vas adopter un animal de compagnie, mais que tu ne sais pas quel animal choisir. Tu observes les animaux dans une animalerie. Lis les descriptions suivantes et pose cinq questions au propriétaire de l'animalerie.**

Le cochon vietnamien

Cet animal est intelligent, affectueux et propre. Il est facile de dresser le cochon à faire ses besoins dans une litière. Il est très propre et il ne sent pas mauvais. Si on lui donne seulement un repas par jour, il ne grossira pas. Il mange des légumes, des grains et des fruits, et il boit de l'eau. Il dort dans une niche. Il peut vivre jusqu'à vingt ans.

1. _____
2. _____
3. _____
4. _____
5. _____

Le furet

Cet animal est joueur, curieux et amical. Son jeu préféré est de cacher ses jouets. Il préfère dormir dans une petite cage. Il fait ses besoins dans une litière, mais il n'est pas aussi propre qu'un chat. Donc il faut nettoyer sa cage fréquemment. Certains furets ont une mauvaise odeur. Il vit de six à dix ans. Il mange de la nourriture pour chats et il boit de l'eau.

1. _____
2. _____
3. _____
4. _____
5. _____

●●●▶

L'iguane vert

Cet animal est solitaire et paresseux. Il vient de la forêt tropicale. Il aime nager. Il mange des fruits et des légumes, surtout de la salade verte. Jeune, il est très petit, mais il peut grandir jusqu'à deux mètres de longueur. Il vit de cinq à dix ans. Il vit dans un terrarium. Il faut remplacer la nourriture et l'eau chaque jour et nettoyer le terrarium fréquemment.

1. _____

2. _____

3. _____

4. _____

5. _____

B **En petits groupes, créez un petit test sur un de ces animaux, basé sur le test que Mme De Rosa a donné à Jamie. Le test doit comprendre cinq questions.**

C **Imagine que tu veux acheter un de ces animaux. À deux, créez un petit dialogue. Jouez les rôles d'un client et du propriétaire d'une animalerie. Puis, changez de rôles. Votre partenaire doit choisir un autre animal à adopter.**

UNITÉ 7 : Canal animal

A **Trouve le mot qui peut remplacer les mots en caractères gras.**

déprimés	stimulant	enfermés	enclos	maltraitent
soigne	sauvages	s'ennuient	captifs	

1. Le docteur Dijali est vétérinaire. Il **traite** les animaux malades.
_____

2. Les animaux peuvent être **tristes**, comme les humains.
_____

3. Il faut créer un environnement **intéressant** pour les animaux dans un zoo.
_____

4. En général, les lions **ne** sont **pas apprivoisés**. _____

5. Si leur environnement n'est pas stimulant, les animaux **ne s'intéressent pas à la vie**. _____

6. Les animaux **qui habitent dans les zoos** ne sont pas toujours heureux.
_____

7. Les animaux sont **emprisonnés** dans de très petits enclos.
_____

8. Dans un zoo, il faut enfermer les animaux dans de grands **espaces** où ils peuvent courir librement. _____

9. Malheureusement, il y a des gens qui **traitent** leurs animaux **durement**.
_____

B **Dans ton lexique ou dans un dictionnaire français-anglais, trouve la définition en anglais des mots suivants. Fais une phrase en français avec ce mot. Attention! Ces mots peuvent avoir deux sens. Trouve les définitions qui correspondent au sens de ces mots dans l'entrevue aux pages 156–158 de ton livre.**

1. La définition de *soigner* : _____

_____

_____

2. La définition de *dresser* : _____

_____

Écoutons! Mots/Maux-animaux

Écoute l'émission Mots/*Maux-animaux*. Prends des notes dans la colonne «Maladie».

Puis, trouve le bon traitement dans la troisième colonne et écris le nom du client ou de la cliente.

Pour la cinquième cliente, joue le rôle du docteur Dijali.

Client(e) et son animal	Maladie	Le docteur recommande …
1. Rajiv Gurpreet et son chien		**a)** d'apprendre à l'animal un nouveau tour. Le/la client(e) est _____ _____ .
2. Sarah Wu et l'éléphant		**b)** de donner à l'animal un seul repas par jour. Le/la client(e) est _____ _____ .
3. Lise Lucet et son boa constricteur		**c)** de remplacer le rat par une grenouille. Le/la client(e) est _____ _____ .
4. Tim Dearborne et son cochon		**d)** d'acheter un compagnon. Le/la client(e) est _____ _____ .
5. Marina Hariri et le lion		**e)** _____ _____ _____ La cliente est Marina et le lion.

Qu'est-ce que les animaux ont fait pendant l'invasion? Réponds aux questions suivantes en remplaçant les mots en caractères gras par *y*.

1. Est-ce que les ours chantent **dans le gymnase**?

Oui, _____.

2. Est-ce que les singes se balancent **dans le parc**?

Oui, _____.

3. Est-ce que les girafes jouent **dans la rue**?

Oui, _____.

4. Est-ce que les ours ont pris le dîner **au dépotoir**?

Oui, _____.

5. Est-ce que le lion achètera des livres **à la librairie**?

Non, _____.

6. Est-ce que le gorille va lire un magazine **à la bibliothèque**?

Non, _____.

7. Est-ce que la tigresse s'endort **à la cafétéria**?

Oui, _____.

8. Est-ce que le lion se promènera **à l'hôpital**?

Non, _____.

9. Est-ce que le singe est allé **à l'école**?

Non, _____.

10. Est-ce que l'ourse va faire des achats **au supermarché**?

Oui, _____.

Réponds aux questions suivantes en utilisant y.

1. Est-ce que les ours mangent des déchets au dépotoir?

Oui, _____.

2. Est-ce que le loup est venu à la forêt?

Oui, _____.

3. Est-ce que les chevaux vont nager dans le lac?

Non, _____.

4. Est-ce que les ours sont allés à Toronto?

Non, _____.

5. Est-ce que la tortue se promènera dans le parc?

Non, _____.

6. Est-ce que le zèbre galope dans les champs?

Non, _____.

7. Est-ce que la baleine nage dans la piscine?

Non, _____.

8. Est-ce que les chats ont chassé les souris dans le jardin?

Oui, _____.

9. Est-ce que les souris se cacheront à la cafétéria?

Non, _____.

10. Est-ce que la grenouille a plongé dans le lac?

Oui, _____.

11. Est-ce que le chien dort dans sa niche?

Oui, _____.

A **Écoute chaque phrase. Est-ce que tu entends *y*? Encercle *oui* ou *non*.**

1.	oui	non
2.	oui	non
3.	oui	non
4.	oui	non
5.	oui	non
6.	oui	non
7.	oui	non
8.	oui	non
9.	oui	non
10.	oui	non

B **Écoute encore une fois. Maintenant, suggère un lieu pour les mots remplacés par *y*. Attention! Dans chaque phrase, tu dois suggérer un lieu différent. Voici un exemple :**

Les chiens *y* poursuivent les chats. Où est-ce qu'ils poursuivent les chats? Dans le parc.

1. Où est-ce qu'ils courent? _____

2. Où est-ce qu'ils nagent? _____

3. Où est-ce qu'il joue? _____

4. Où est-ce qu'il mange? _____

5. Où est-ce qu'il poursuit le lion? _____

6. Où est-ce qu'il dort? _____

7. Où est-ce qu'il prend du café? _____

Qu'est-ce que les animaux mangent? Réponds aux questions suivantes en remplaçant les mots en caractères gras par *en*.

1. Est-ce que les tigres mangent **des légumes**?

Non, _____.

2. Est-ce que la lionne a dévoré **des gazelles**?

Oui, _____.

3. Est-ce que les crocodiles vont manger **des tigres**?

Non, _____.

4. Est-ce que les iguanes mangent **de la salade verte**?

Oui, _____.

5. Est-ce que la girafe mangera **des feuilles**?

Oui, _____.

6. Est-ce que le requin dévore **des pingouins**?

Oui, _____.

7. Est-ce que le chat a bu **de la crème**?

Oui, _____.

8. Est-ce que le cheval a mangé **du bœuf**?

Non, _____.

9. Est-ce que les baleines mangeront **des poissons**?

Oui, _____.

10. Est-ce que la gazelle va manger **de la pizza**?

Non, _____.

Réponds aux questions suivantes en utilisant *en*.

1. Est-ce que les canards mangent des os?

Non, _____.

2. Ton iguane a-t-il besoin de la salade verte?

Oui, _____.

3. Est-ce que l'ourse achètera des beignes?

Non, _____.

4. Les girafes mangent-elles des feuilles?

Oui, _____.

5. Est-ce que les loups vont manger de la salade verte?

Non, _____.

6. Est-ce que ton chien aura besoin d'un repas nutritif?

Oui, _____.

7. Achetez-vous des biscuits pour votre chat?

Oui, nous _____.

8. Donnes-tu des os de bœuf à ta lapine?

Non, _____.

9. Est-ce que le requin a dévoré des poissons?

Oui, _____.

10. Est-ce que les éléphants ont bu du lait?

Non, _____.

▸ [Écoutons!] Les animaux mangent-ils ou non?

Écoute chaque phrase. Est-ce que tu entends *en*? Encercle *oui* ou *non*.

1.	oui	non		**6.**	oui	non
2.	oui	non		**7.**	oui	non
3.	oui	non		**8.**	oui	non
4.	oui	non		**9.**	oui	non
5.	oui	non		**10.**	oui	non

▸ [Écoutons!] *Y* ou *en*?

Est-ce que tu entends *y* ou *en*? Encercle la bonne réponse.

1.	y	en		**8.**	y	en
2.	y	en		**9.**	y	en
3.	y	en		**10.**	y	en
4.	y	en		**11.**	y	en
5.	y	en		**12.**	y	en
6.	y	en		**13.**	y	en
7.	y	en		**14.**	y	en

UNITÉ 7 : Canal animal

Écoute chaque phrase. Pour remplacer l'expression qui commence par *à*, quel est le bon pronom à utiliser : *lui, leur* ou *y*? Attention! Le pronom *y* réfère à un lieu ou à une chose. *Lui* réfère à une personne ou à un animal, et *leur* réfère à plusieurs personnes ou animaux. Encercle la bonne réponse.

1.	lui	leur	y		**6.**	lui	leur	y
2.	lui	leur	y		**7.**	lui	leur	y
3.	lui	leur	y		**8.**	lui	leur	y
4.	lui	leur	y		**9.**	lui	leur	y
5.	lui	leur	y		**10.**	lui	leur	y

Parlons! Le menu de Pinky, le cochon

Voici le menu d'une journée typique de Pinky. À deux, posez cinq questions sur son menu et donnez les réponses. Écrivez-les dans votre cahier.

des bleuets	de la crème glacée	du lait	des bananes
des pommes de terre	du coca	de l'agneau	du pain
du sirop d'érable	du jus d'orange	des fraises	de la pizza

Exemples : Q : Est-ce que Pinky mange du chocolat?   Q : Est-ce que Pinky boit de l'eau?
R : Non, il n'en mange pas.   R : Oui, il en boit.

1. Q : _____

R : _____

2. Q : _____

R : _____

3. Q : _____

R : _____

4. Q : _____

R : _____

5. Q : _____

R : _____

▸ Écoutons! Le retour des loups

A Écoute le sommaire d'un documentaire sur les loups qui a été télévisé à *Canal animal*. Complète les phrases suivantes en encerclant la bonne réponse.

1. Le sujet du documentaire est
   a) la chasse aux loups.
   b) la réintroduction des loups au parc.
   c) l'habitat naturel des loups.

2. On a réintroduit les loups au parc
   a) en 1995.
   b) en 1895.
   c) la semaine dernière.

3. On a réintroduit les loups
   a) à Sudbury, au Canada.
   b) au parc Algonquin, au Canada.
   c) au parc national Yellowstone, aux États-Unis.

4. Les loups ont été réintroduits au parc par
   a) des touristes.
   b) des chasseurs.
   c) des gardiens et des scientifiques.

5. Ils ont réintroduit les loups au parc
   a) parce que le parc est leur habitat naturel.
   b) parce qu'ils voulaient encourager le tourisme.
   c) parce que les loups étaient apprivoisés.

6. Les gardiens ont relâché les loups
   a) dans une piscine.
   b) dans un supermarché.
   c) dans un enclos.

7. Maintenant, les loups sont devenus
   a) un grand danger.
   b) une grande attraction touristique.
   c) très gros.

8. Les touristes vont au parc pour
   a) chasser les loups.
   b) réintroduire les loups.
   c) observer les loups.

B Maintenant, écoute encore une fois et écris les réponses aux cinq questions : *qui, quand, où, quoi* et *pourquoi*.

1. Qui? _____

2. Quand? _____

3. Où? _____

4. Quoi? _____

5. Pourquoi? _____

A **Écoute l'entrevue entre Kareem Assad, un reporter pour** *Canal animal,* **et M. Fortier, un biologiste. Ils parlent de la libération de Keiko, une orque captive dans un aquarium. Ensuite, complète les phrases.**

Kareem : M. Fortier, voulez-vous expliquer à nos spectateurs qui est Keiko?

M. Fortier : Keiko est une orque mâle. Il était la vedette du film *Sauvez Willy*. Dans ce film, un garçon réussit à libérer Willy, l'orque _____. Mais le vrai Keiko est resté captif dans un aquarium. On a essayé de _____ Keiko dans la mer, son _____ naturel.

Kareem : Où est-il maintenant?

Fortier : Il est dans un _____ en Islande. Nous ne pouvons pas le relâcher immédiatement. Keiko ne sait pas _____ le poisson. Il doit apprendre à redevenir indépendant.

Kareem : Est-ce qu'il va rejoindre des orques _____?

Fortier : J'espère que oui. Mais d'abord, il doit apprendre à communiquer avec les autres orques.

Kareem : Est-ce que Keiko est _____ d'être relâché de l'aquarium?

Fortier : Oui, il en est très heureux. À l'aquarium, il était malade et _____. Maintenant, il est en bonne santé.

Kareem : Merci pour cette entrevue, M. Fortier. Bonne chance!

B **Écris un bref résumé de cette entrevue. Base le résumé sur les réponses aux cinq questions :** *qui, quand, où, quoi* **et** *pourquoi.*

_____

_____

_____

_____

_____

UNITÉ 7 : Canal animal

Réponds aux questions suivantes en utilisant une des expressions dans la boîte ci-dessous. Fais tous les changements nécessaires.

Exemple :

Que penses-tu de la décision dans l'affaire Woofie?
J'en suis heureuse!

être content/contente de   être mécontent/mécontente de

être heureux/heureuse de   être malheureux/malheureuse de

être surpris/surprise de   être triste de

1. Qu'est-ce que M. McTavish pense de la décision?

_____

2. Qu'est-ce que les McDuff pensent de la décision?

_____

3. Qu'est-ce que Martina Serrago, qui n'aime pas les chiens, pense de la décision?

_____

4. Qu'est-ce qu'Yves Thibault, le facteur, pense de la décision?

_____

5. Qu'est-ce que Karine et Lisa, deux militantes pour les droits des animaux, pensent de la décision?

_____

6. Qu'est-ce que les voisins des McDuff pensent de la décision?

_____

7. Bonjour, M. Petrovski. Vous êtes propriétaire d'une école de dressage pour chiens. Qu'est-ce que vous pensez de la décision?

_____

8. Bonjour, Daniel et Catherine. Vous dites que vous détestez les chiens? Alors, que pensez-vous de la décision?

_____

Réponds aux questions suivantes en utilisant une des expressions dans la boîte ci-dessous. Fais tous les changements nécessaires.

être content/contente de	être mécontent/mécontente de
être heureux/heureuse de	être malheureux/malheureuse de
être surpris/surprise de	être étonné/étonnée de
être certain/certaine de	être triste de/d'

1. Nadia, es-tu contente de promener ton chien Pitou tous les matins?

_____

2. Est-ce que Pitou est malheureux de perdre son os?

_____

3. Tu veux un cochon vietnamien, Max? Tu es certain de cette décision?

_____

4. M. et Mme Gardner, est-ce que les chimpanzés sont heureux de communiquer avec nous?

_____

5. À votre avis, M. Dijali, est-ce que les animaux de cirque sont mécontents de faire des tours?

_____

6. Regardons le léopard. Est-ce qu'il est triste d'être enfermé dans une cage?

_____

7. M. Gardner, est-ce que les visiteurs sont étonnés de voir un chimpanzé qui communique par le langage des signes?

_____

8. Lisa et Karine, êtes-vous surprises de voir un cochon ici?

_____

Kelly Kincaid a interviewé des gens dans la rue au sujet de Woofie.
Écoute bien. Coche *pour* ou *contre* et prends note de leurs opinions.

Personne interviewée	Pour	Contre	Notes
Yves Thibault			
Tania Chen			
Mac Kachere			
Martina Serrago			
Sumita Nawaal			
David Plunkett			

Mon auto-évaluation

A **Maintenant, je peux**…

	1	2	3	4
• discuter des questions qui concernent les animaux.				
• parler du bon traitement des animaux de compagnie.				
• écrire un reportage.				
• utiliser *y* et *en*.				
• remplacer les noms par les pronoms sujets.				

1	**2**	**3**	**4**
rarement	parfois	souvent	toujours

B **1. Dans cette unité, j'ai beaucoup aimé**… _____

_____

_____

2. Dans cette unité, je n'ai pas aimé… _____

_____

_____

C **Autres commentaires :** _____

_____

_____

_____

_____

_____

La vie en vert

Mon vocabulaire personnel

Utilise ces pages pour noter le vocabulaire nécessaire pour faire le travail de cette unité. Ces pages sont à toi. Tu peux inscrire tous les mots que tu veux.

1. Pour parler de l'environnement :

l'eau fraîche, un écosystème

_____

_____

_____

_____

_____

2. Pour parler des problèmes environnementaux :

la déforestation, menacer

_____

_____

_____

_____

_____

3. Pour parler des solutions pour résoudre ces problèmes :

un programme de recyclage, réutiliser

_____

_____

_____

_____

_____

4. Pour discuter des campagnes ou des événements publicitaires :

une brochure,   la collecte de fonds

_____

_____

_____

_____

_____

5. Pour faire une présentation orale :

une affiche,   une remue-méninges

_____

_____

_____

_____

_____

6. D'autres mots ou expressions utiles :

_____

_____

_____

_____

_____

_____

Lisons! Des élèves, des grenouilles et un prince

A **Mets les événements de l'histoire dans le bon ordre chronologique. Numérote les cases de 1 à 10.**

☐ **a)** Alors, ils ont fait une présentation au conseil municipal. La présentation n'a pas bien réussi.

☐ **b)** La compagnie a accepté d'établir une zone de protection de 100 mètres de chaque côté de la rivière.

☐ **c)** La compagnie de construction a invité les élèves à une réunion.

☐ **d)** Le Prince Charles a félicité les élèves de leur excellent travail.

☐ **e)** Les élèves ont demandé de l'aide à une scientifique de l'Université de la Colombie-Britannique.

☐ **f)** Les élèves ont fait une deuxième présentation au conseil municipal.

☐ **g)** Quatre élèves ont trouvé une espèce de grenouille très rare sur l'île de Vancouver.

☐ **h)** Les élèves ont informé BPP de leur découverte, mais la compagnie n'a pas répondu.

☐ **i)** Peu après, la compagnie BPP a annoncé un projet de construction de maisons près de la rivière.

☐ **j)** Pour aider les élèves, David Suzuki a écrit une lettre.

B **Vérifie ton travail avec un ou une partenaire.**

A **Écris le mot ou l'expression dans la liste qui correspond à chaque définition. Pour t'aider, relis l'article aux pages 176–177 de ton livre.**

une réussite	en voie d'extinction	féliciter
l'appui	la déforestation	lutter
menacé(e)	une espèce	préserver
un conseil municipal	un écosystème	l'habitat

1. une sorte particulière d'organisme vivant _____

2. qui risque de ne plus exister _____

3. l'endroit géographique où vit un animal _____

4. en danger _____

5. la destruction de la forêt _____

6. un groupe de gens chargés du fonctionnement (des lois et de la sûreté) d'une ville _____

7. un ensemble d'organismes vivants d'un milieu naturel _____

8. essayer avec difficulté de faire quelque chose _____

9. l'encouragement _____

10. protéger _____

11. offrir ses compliments à quelqu'un _____

12. un succès final _____

B **Complète le tableau suivant avec les mots de la même famille.**

Verbe	Nom
découvrir	une découverte
	une réussite
menacer	
lutter	
féliciter	

A **Écoute les phrases et coche le pronom disjoint que tu entends.**

	moi	toi	lui	elle	nous	vous	eux	elles
1.	☐	☐	☐	☐	☐	☐	☐	☐
2.	☐	☐	☐	☐	☐	☐	☐	☐
3.	☐	☐	☐	☐	☐	☐	☐	☐
4.	☐	☐	☐	☐	☐	☐	☐	☐
5.	☐	☐	☐	☐	☐	☐	☐	☐
6.	☐	☐	☐	☐	☐	☐	☐	☐
7.	☐	☐	☐	☐	☐	☐	☐	☐
8.	☐	☐	☐	☐	☐	☐	☐	☐

B **Écoute les phrases une deuxième fois. Choisis une réponse dans la boîte pour identifier comment on utilise le pronom disjoint dans chaque phrase.**

1. _____

2. _____

3. _____

4. _____

5. _____

6. _____

7. _____

8. _____

> après c'est/ce sont
> seul
> pour accentuer un pronom sujet
> après une préposition

Crée des phrases avec les éléments suivants. Puis, récris les phrases en changeant la deuxième partie.

C'est
Ce sont

| moi |
| moi |
| toi |
| lui |
| elle ✔ |
| nous |
| vous |
| eux |
| elles |

qui

vont faire une manifestation pour l'environnement.
ont trouvé l'habitat des grenouilles.
dois lancer le programme de recyclage.
a découvert une espèce de grenouille très rare. ✔
a créé le Walkman vert.
faites les recherches sur la déforestation.
vais organiser une visite chez le groupe environnemental ECHO.
sommes les vrais environnementalistes.
ai fait un rapport sur cette espèce animale.

Exemple : C'est elle qui a découvert une espèce de grenouille très rare.

C'est elle qui a demandé de l'aide à une scientifique.

1. _____

_____

2. _____

_____

3. _____

_____

4. _____

_____

5. _____

_____

6. _____

_____

7. _____

_____

8. _____

_____

Écoutons! Un projet inspirant

A Écoute la conversation entre Maurice et Chandra et indique si les phrases suivantes sont *vraies* ou *fausses*.

	vrai	faux
1. Chandra a trouvé l'histoire très ennuyeuse.	☐	☐
2. Les élèves ont présenté leur recherche au conseil municipal.	☐	☐
3. Quand on n'a pas répondu à leur demande, les élèves ont parlé à la radio.	☐	☐
4. La plage du lac Tantara va être fermée à cause des incendies.	☐	☐
5. Chandra suggère qu'on peut faire quelque chose pour sauver le lac.	☐	☐
6. Chandra et Maurice veulent nommer leur club *Les amis de la terre* ou *Les enviros*.	☐	☐
7. Les élèves vont se renseigner sur les problèmes environnementaux dans leur communauté.	☐	☐
8. Ils vont se rencontrer demain après les cours.	☐	☐

B Corrige oralement les phrases qui sont fausses.

C Écoute la conversation encore une fois et réponds brièvement aux questions suivantes.

1. Selon Chandra et Maurice, quelles deux qualités admirables les élèves de l'île de Vancouver ont-ils?

a) _____

b) _____

2. Où les élèves vont-ils faire leur recherche?

a) _____

b) _____

UNITÉ 8 : La vie en vert Copyright © Addison Wesley

Complète le questionnaire suivant pour déterminer quels aspects de l'environnement tu trouves importants. Pour chaque phrase, indique 1, 2 ou 3.

> 1 = je ne m'identifie pas du tout
> 2 = je m'identifie un peu
> 3 = je m'identifie tout à fait

Partie A

☐ **1.** Mes moyens de transport préférés : à pied, à bicyclette ou en patins à roues alignées.

☐ **2.** Je préfère boire de l'eau en bouteille.

☐ **3.** Je trouve inquiétants les bulletins de météo sur les bactéries dans l'eau.

☐ **4.** Je n'utilise pas les produits en aérosol.

Partie B

☐ **1.** J'éteins les lumières, mon ordinateur et les autres appareils quand je ne les utilise pas.

☐ **2.** Je ne laisse pas couler l'eau quand je me brosse les dents.

☐ **3.** Je préfère prendre une douche au lieu d'un bain.

☐ **4.** Je ferme les portes et les fenêtres en hiver pour que la chaleur ne s'échappe pas.

Partie C

☐ **1.** J'aime faire des randonnées à pied dans la forêt et les parcs.

☐ **2.** J'utilise du papier recyclé et je réutilise l'endos de mes feuilles de papier.

☐ **3.** Je regarde des films ou des émissions de télévision sur la nature et les animaux.

☐ **4.** Mes vacances idéales seraient un safari-photo.

●●●▶

Partie D

☐ **1.** Je recycle des bouteilles et des boîtes en aluminium.

☐ **2.** À la maison, ma famille et moi, nous compostons nos déchets de cuisine.

☐ **3.** J'utilise des contenants et des sacs réutilisables quand j'apporte mon dîner à l'école.

☐ **4.** Je donne des jouets et vêtements usagés aux organisations charitables.

Interprétation des résultats

Fais le calcul du total pour chacune des parties A, B, C et D. Le maximum est 12 points pour chaque partie. Détermine quelle partie a reçu le total le plus élevé. Quel genre d'écolo es-tu?

Partie A

Tu t'intéresses au problème de la pollution de l'air et de l'eau. Tu aimes passer ton temps libre en plein air ou au bord de l'eau. Tu t'inquiètes de la qualité de l'air et de l'eau.

Partie B

Tu trouves la conservation de nos ressources naturelles très importante. Tu crois que chacun de nous doit faire sa part pour conserver de l'énergie et de l'eau.

Partie C

Tu t'intéresses beaucoup à la préservation des espaces verts et à la protection des espèces en voie d'extinction. Tu crois que nos animaux et nos plantes menacés sont très précieux et qu'il faut les protéger.

Partie D

Tu crois qu'il est important de recycler tous les matériaux possibles. Tu évites d'acheter des choses qui sont difficiles ou impossibles à recycler. Tu sais bien que les déchets représentent un des plus gros problèmes environnementaux de la planète.

UNITÉ 8 : La vie en vert

A **Écoute le message sur le répondeur et écris les mots qui manquent.**

Bonjour, vous avez rejoint le groupe Enviro-Action à _____.

Notre organisation existe pour _____ les espaces verts.

Nous vous invitons à _____ à notre présentation devant

l'école Archambault, qui _____ lieu le 22 mai, à

10 heures. Nous allons lancer notre première _____.

N'hésitez pas à nous _____ vos suggestions

ou _____, en laissant un message après

le signal sonore. Merci et bonne _____.

Et n'oubliez pas – notre _____ dépend

de nos actions d'_____.

B **Écris les éléments nécessaires pour le message sur le répondeur de ton groupe environnemental.**

1. La salutation :

_____

_____

2. La mission de ton groupe :

_____

_____

3. Autres informations (annoncer une réunion, un événement ou une campagne) :

_____

_____

4. L'invitation à laisser un message :

_____

_____

5. La conclusion :

_____

_____

Tu viens d'écouter une conversation qui s'est passée à la première réunion du groupe Enviro-Action. Remplis la grille suivante. Note les suggestions des quatre membres.

	Suggestions
Su	
Maurice	
Chandra	
Max	

Écrivons! **Mathilde raconte**

Mathilde, une grenouille à queue courte, vient d'avoir une conversation avec le promoteur de construction, monsieur Richard. Mathilde parle à son amie Alana de leur conversation. Complète le dialogue suivant avec la bonne forme du pronom relatif (*qui, que, qu'*).

Alana : Mathilde, dis-moi, qu'est-ce qui s'est passé à la réunion _____ tu as eue avec M. Richard?

Mathilde : Ah, quelle catastrophe! Il m'a montré les photos des maisons _____ il veut construire. Qu'elles sont laides!

Alana : Mais, Mathilde, c'est notre survie _____ est en péril! Est-ce que tu lui en as parlé?

Mathilde : Tu devrais voir les photos _____ il m'a montrées. Les maisons sont orange avec des toits violets!

Alana : Qu'est-ce qu'il a dit? Sait-il _____ notre habitat est menacé?

Mathilde : Un instant, un instant. Je vais tout t'expliquer. Il a dit qu'il comprend bien les inquiétudes _____ nous avons. Donc il construira ses maisons, _____ seront affreuses, assez loin de notre ruisseau.

Alana : Mais qu'est-ce qui va se passer si les gros camions _____ ils vont utiliser pour la construction viennent trop près de notre ruisseau? Nous n'aurons plus la paix _____ nous avons maintenant.

Mathilde : Mais non, ne t'inquiète pas. M. Richard m'a promis _____ ils ne dérangeront pas notre vie privée. Les camions passeront sur une route _____ sera assez loin de la rivière.

Alana : Mathilde, tu es vraiment formidable!

Écoutons! L'environnement, c'est notre responsabilité!

Écoute les appels suivants et remplis les tirets selon les commentaires.

Appel no. 1 - Chandra Healy

Chandra Healy est une jeune fille _____ le groupe

Eviro-Action. Elle dit que son groupe pense _____ la situation est

_____. Elle dit _____ quelque

chose immédiatement.

Appel no. 2 - Maurice Espinosa

Maurice est un jeune garçon _____ avec Chandra. Il

dit _____ agir immédiatement pour sauver notre

planète. Il mentionne aussi _____ l'analyse de l'eau

dans le lac près de chez lui et _____ est très poluée.

Il pense _____ au ministère de l'environnement.

D'après lui, on devrait trouver un groupe environnemental

_____ et aider avec ses projets.

Appel no. 3 - Su Chen

Su dit _____ d'entendre les suggestions de

Maurice. Elle appelle pour annoncer _____

Enviro-Action organise un barbecue _____ lieu

au lac Tantara vendredi. Elle dit qu'ils vont distribuer leur nouvelle

_____ les mesures simples _____ tout le

monde _____ pour sauver notre futur.

Déchiffre les mots suivants. Après, transfère les lettres qui ont un chiffre en dessous pour décoder le message-mystère.

TOPRÉREG

34 13 14 21 5

CYCLERER

19   8

RÉRESLUITI

43   28 41 40   24 9 31

RÉRUIDE

12   17

RPÉSEEVRR

1   33 23   30

VERRCSONE

3 10 37   29 11 32

SOATECPGMO

22 27   35   25 38 6

NNNEIROEVMETN

36 26 39 2   15   20 42

PEMCNGAA

18   16 7

TUMNUOCAMÉ

4

Message-mystère :

						Z

1 2 3 4 5 6 7

8

'

9 10 11 12 13 14 15 16 17 18 19 20 21 ,

22

'

23 24 25

26 27 28 29 30

							B				

31 32 33 34 35 36 37 38 39 40 41 42 43 !

Aide le groupe Enviro-Action à composer leur brochure. Trouve la fin de chaque phrase de la colonne A dans la colonne B. Écris les mesures des parties A et B sur la page de droite.

COLONNE A	**COLONNE B**

Partie A

Ne pas laisser couler l'eau

Quand on fait la cuisine,

Utiliser un robinet de

En été, arroser le jardin

Utiliser des barils

Conserver de l'eau

— tous les deux jours ou moins si possible.

— qui recueillent l'eau de pluie.

— garder l'eau pour arroser les plantes.

— pour arroser le jardin quand le temps est sec.

— douche qui économise l'eau.

— quand on se brosse les dents ou quand on fait la vaisselle.

Partie B

Ne jamais jeter de

Ne jamais utiliser de

Respecter les permis et les

— savon dans le lac.

— quotas de pêche.

— déchets dans le lac.

SAUVER LE LAC TANTARA

C'est un problème qui concerne tout le monde!

A. Pour conserver l'eau :

1. _____

2. _____

3. _____

4. _____

5. _____

6. _____

B. Pour protéger le lac :

1. _____

2. _____

3. _____

C'est un problème que nous pouvons éliminer!
Le groupe Enviro-Action

Complète les mots croisés en utilisant les indices suivants. Réfère-toi aux pages 184 et 185 de ton livre pour trouver les réponses.

HORIZONTALEMENT :

1. Le baseball, la natation et l'artisanat sont des activités de _____.

2. groupe social ou communautaire

3. On utilise de l'eau pour _____ le jardin.

5. antonyme de *perdre*

7. Dans mon quartier, toutes les familles ont une boîte de _____.

9. À la station de _____, on rend les eaux usées propres.

10. déchets liquides qui polluent nos lacs

13. On adopte une _____ pour combattre un problème environnemental.

VERTICALEMENT :

1. commencer publiquement un programme ou une campagne

4. rendre inexistant

6. Dans certaines communautés, des barils _____ l'eau de pluie.

8. On a besoin d'eau _____ pour boire et pour se laver.

11. Samedi prochain, on va ramasser les _____ dans le parc.

12. On organise une collecte de _____ pour acheter des barils.

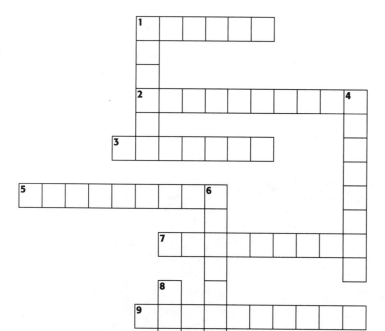

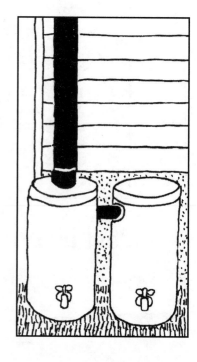

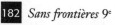

Fais des prédictions!

C'est à toi de faire des prédictions pour l'avenir de l'environnement et de notre planète. Écris des prédictions pour l'an 2050 en utilisant les indices suivants. Mets les verbes au *futur simple*. Attention : tu peux écrire une phrase affirmative ou négative.

1. Nous/gaspiller/de l'énergie.

_____

2. Les adultes/donner de l'argent/ aux organisations environnementales.

_____

3. Les usines/éviter/d'utiliser des produits chimiques nuisibles à la couche d'ozone.

_____

4. On/acheter/des objets en ivoire.

_____

5. Les braconniers/chasser/les rhinocéros noirs.

_____

6. Les industries/respecter/les lois environnementales.

_____

7. Les familles/composter/les déchets de cuisine et de jardin.

_____

8. On/faire/du covoiturage/pour aller au travail et à l'école.

_____

9. Tout le monde/recycler/les bouteilles en verre et les canettes en aluminium.

_____

10. Les gens/utiliser/les contenants en polystyrène.

_____

Quelles sont tes connaissances sur l'environnement? Encercle la bonne réponse.

1. Combien de <u>litres</u> d'eau chaque personne utilise-t-elle par jour au Canada?
   a) 80 litres
   b) 220 litres
   c) 390 litres

2. Si tu prends une <u>douche</u> de cinq minutes sous une pomme de douche régulière, combien de litres d'eau utilises-tu?
   a) 25
   b) 50
   c) 100

3. Si tu prends une douche de cinq minutes sous une pomme de douche à débit <u>réduit,</u> combien de litres d'eau utilises-tu?
   a) 75
   b) 50
   c) 35

4. Les Grands Lacs contiennent quel pourcentage de <u>l'eau douce</u> de la Terre?
   a) 10 %
   b) 20 %
   c) 30 %

5. Combien de gens dépendent des <u>Grands Lacs</u> comme source d'eau pour boire?
   a) un million
   b) vingt-cinq millions
   c) quarante-cinq millions

6. Les ampoules qui économisent l'électricité peuvent réduire la <u>consommation</u> d'énergie de quel pourcentage?
   a) 75 %
   b) 50 %
   c) 20 %

7. La majorité de nos <u>déchets</u> est composée de quelle substance?
   a) la verre
   b) les produits de papier
   c) les plastiques

8. Quelle est la cause principale de la perte d'<u>espèces sauvages</u> au Canada?
   a) la chasse excessive
   b) la pollution
   c) la perte d'habitat

Mon auto-évaluation

A Maintenant, je peux...

	1	2	3	4
• parler des problèmes environnementaux.				
• parler des solutions pour résoudre ces problèmes.				
• utiliser des pronoms disjoints.				
• utiliser des pronoms relatifs.				
• composer un message téléphonique.				
• faire une présentation orale.				

1	2	3	4
rarement	parfois	souvent	toujours

B 1. Dans cette unité, j'ai beaucoup aimé... _____

_____

_____

2. Dans cette unité, je n'ai pas aimé... _____

_____

_____

C Autres commentaires : _____

_____

_____

_____

_____

UNITÉ 1 Moi-même.com

A Écris la bonne forme de l'adjectif entre parenthèses.

Chère Solène,

J'ai visité ta page Web aujourd'hui. Qu'elle est _____

(beau)! Tu dois être une fille très _____(créatif). Les

graphiques de ta page sont _____(imaginatif) et les

couleurs sont tellement _____(vif). Tu m'as donné

quelques _____(bon) idées pour la page que je crée

actuellement à l'école.

Toi et moi, nous avons les _____(même) goûts. Toi, tu

aimes les sports et moi aussi. Je suis _____(sportif) :

je joue au basket-ball, au volley-ball et j'aime faire de la natation

(même en hiver!). À l'école, je suis, comme toi, une étudiante

_____(sérieux) qui a normalement de

_____ (bon) notes dans presque toutes les matières.

Je suis aussi une personne _____(ouvert). J'aime

passer du temps avec des amis. Selon eux, je suis une fille

_____(gentil), _____(généreux) et

_____(aventureux). (Ne pense pas que je suis

_____(vantard), ce sont eux qui utilisent ces

adjectifs, pas moi!)

Alors, Solène, c'est tout pour aujourd'hui. Si tu as le temps,

visite ma page Web et donne-moi tes impressions.

Nadine

Exercices de renforcement

B Écris le contraire. N'oublie pas de mettre la bonne forme de l'adjectif!

Exemple : Je suis petit, mais Anne est…

Je suis petit, mais Anne est grande.

1. Ma maison est nouvelle, mais ta maison est…_____.

2. Georges est triste, mais Louise est…_____.

3. Mon histoire est intéressante, mais ton histoire est…_____.

4. Mon père est jeune, mais ta mère est…_____.

5. Cette fille est méchante, mais ces garçons sont…_____.

C Choisis l'adjectif convenable et mets-le à la bonne forme.

| généreux | intelligent | impulsif | heureux | sportif |

1. Mes frères jouent au hockey, au tennis et au soccer. Ils sont très

_____.

2. Je pense avant de répondre. Je veux donner une réponse

_____.

3. Mes tantes font toujours des dons aux organismes de charité. Elles sont très

_____.

4. Quand mon amie va magasiner, elle achète immédiatement sans réfléchir.

Elle est trop _____.

5. Je n'aime pas les histoires tristes. Je préfère les histoires

_____.

D Complète les phrases suivantes en mettant le pronom convenable.

Exemple : Nous ___nous___ habillons avant de prendre le déjeuner.

1. Je _____ brosse les dents deux fois par jour.

2. _____ se peigne devant le miroir.

3. Ma professeure ne _____ fâche jamais si je fais une faute.

4. _____ se maquillent dans la salle de bains.

5. À quelle heure _____ réveillez-vous?

6. _____ nous habillons de la même façon.

7. Tu _____ lèves à 6 heures du matin? C'est tôt, ça!

8. _____ me couche tard le vendredi soir.

9. Nous _____ lavons le visage avant de nous coucher.

10. _____ t'endors vite après une longue journée de travail.

E **Choisis le verbe logique et mets-le à la bonne forme.**

Exemple : (se laver / s'endormir) Je __me__ __lave__ le visage avant de
me coucher.

1. (se coucher / s'installer) Les petits enfants _____ _____ à
9 heures du soir.

2. (se lever / s'amuser) Mes amis et moi, _____ _____ à
regarder les publicités à la télé.

3. (se peigner / se coucher) Je _____ _____ chaque matin
avant de partir pour l'école.

4. (se coucher / s'installer) Elles _____ _____ devant
l'ordinateur.

5. (se laver / se lever) Nous _____ _____ à 9 heures pour
aller au chalet.

6. (se réveiller / se raser) _____ _____-tu avec un
rasoir électrique?

7. (se brosser / se peigner) Je _____ _____ les dents deux fois
par jour.

8. (se maquiller / se laver) Eric _____ _____ les mains avant
de manger.

9. (s'amuser / se lever) Nous _____ _____ quand nous
sommes ensemble.

10. (se fâcher / se maquiller) Nos parents _____ _____ quand
nous faisons des bêtises.

Exercices de renforcement

F Choisis le bon verbe et mets-le à la bonne forme.

Exemple : (brosser / se brosser) Yves ___se brosse___ les dents régulièrement.

1. (laver / se laver) Ils _____ leur chien tous les samedis.

2. (réveiller / se réveiller) Chut! Le bébé dort! Il _____ facilement.

3. (maquiller / se maquiller) Vous _____ dans la salle de bains.

4. (lever / se lever) Nous _____ très tôt le matin.

5. (promener / se promener) Je _____ mon chien dans le parc après l'école.

G Complète le texte suivant en écrivant la bonne forme du verbe.

Chère Nadine,

Merci de ton courriel et de tes compliments sur ma page Web. J'ai aussi visité ta page. Elle est sensass! Tes photos sont belles et ton texte est très original. L'animation est aussi intéressante.

Tu sais quoi? Toi et moi, nous _____(se ressembler)! Quelle coïncidence! En plus, j'ai remarqué que nous _____ _____(s'amuser) beaucoup : nous aimons faire du sport, passer du temps avec des amis et surfer sur Internet. Parfois, mes parents _____(se fâcher) parce que je passe plus de temps devant mon ordinateur que devant mes livres! Franchement, je _____(se demander) s'ils comprennent que surfer sur Internet et rencontrer des amis en ligne sont plus importants que faire des devoirs! J'admets cependant que de temps en temps je _____(se coucher) très tard après plusieurs heures en cyberespace et que le matin je _____(se lever) avec difficulté car je suis trop fatiguée. Ces jours-là, j'essaie de ne pas _____(s'endormir) en classe.

Alors, Nadine, je dois terminer cette lettre. Il est déjà minuit et je dois commencer mes devoirs!

Amitiés,

Solène

Exercices de renforcement

UNITÉ 2 Cris et frissons

A Mets la bonne forme du verbe au *passé composé*.

1. (découvrir) Qui _____ le virus dans ton ordinateur?

2. (faire) Cet homme _____ fortune avec ses jeux électroniques.

3. (avoir) J'_____ la chair de poule en entendant le bruit!

4. (voir) Nous _____ quelques suspects entrer dans le bureau.

5. (dire) Qu'est-ce qu'ils _____ après ça?

6. (ouvrir) Qui _____ la porte de mon bureau pendant mon absence?

7. (faire) Qu'est-ce que tu _____ pour prouver ton innocence?

8. (mettre) Nous _____ une caméra vidéo dans tous les bureaux.

9. (couvrir) Les employés _____ leurs moniteurs avant de partir.

10. (commettre) Qui _____ ce crime terrible?

B Mets les verbes du paragraphe suivant au *passé composé*.

Un jour, je <u>découvre</u>[1] une irrégularité dans mon compte bancaire. L'ordinateur de la banque <u>prend</u>[3] cinq dollars dans mon compte. Je <u>ne comprends pas</u>[2] pourquoi. Je <u>suis</u>[4] très surpris et je <u>téléphone</u>[5] au directeur de la banque pour avoir une explication. Il <u>ne voit pas</u>[6] de raison qui explique ces débits. Il <u>vérifie</u>[7] d'autres comptes. Ce jour-là, l'ordinateur <u>enlève</u>[8] cinq dollars de tous les comptes. Le directeur <u>continue</u>[9] ses recherches et <u>apprend</u>[10] d'autres faits. L'ordinateur <u>met</u>[11] cet argent dans un nouveau compte, pour une valeur de plus de cinq cent mille dollars. Le directeur de la banque <u>a</u>[12] peur. Il <u>ne peut pas</u>[13] expliquer la situation mais il <u>promet</u>[14] de trouver une explication. Le lendemain, le directeur de la banque <u>disparaît</u>[15] et les cinq cent mille dollars aussi!

Exercices de renforcement

1. j' _____

2. je _____

3. il _____

4. j' _____

5. j' _____

6. il _____

7. il _____

8. il _____

9. il _____

10. il _____

11. il _____

12. il _____

13. il _____

14. il _____

15. il _____

C **Mets les verbes dans les phrases suivantes au *passé composé*.**

1. Je ne lis pas l'article sur le vol à la banque.

_____

2. Nous ne sommes pas surpris quand le voleur disparaît.

_____

3. Ils n'offrent pas de nous aider.

_____

4. Nous ne voyons pas pourquoi vous commettez ce crime.

_____

5. Tu ne laisses pas d'empreintes digitales quand tu quittes le bureau.

_____

D **Compose des phrases. Utilise le *passé composé*.**

Exemple : le voleur / refuser / coopérer
        <u>Le voleur a refusé de coopérer.</u>

1. l'inspecteur / essayer / interroger les employés

_____

2. je / pouvoir /expliquer mon absence

_____

3. la suspecte / décider / parler avec la police

_____

4. les policiers / continuer / chercher des indices

_____

5. nous / oublier / refermer la porte du bureau

_____

E **Récris les phrases suivantes d'après l'exemple. Utilise le _passé composé_ du verbe entre parenthèses. N'oublie pas d'utiliser la bonne préposition.**

Exemple : Elle a travaillé chez elle. (décider)
   Elle a décidé de travailler chez elle.

1. Nous avons trouvé des indices. (essayer)

_____

2. J'ai fait mes recherches. (continuer)

_____

3. Mei a parlé avec l'inspecteur. (vouloir)

_____

4. L'inspecteur a interrogé les suspects. (oublier)

_____

5. Tu as eu peur. (commencer)

_____

●UNITÉ 3 Les grands monstres

....

A **Mets la bonne forme de l'infinitif au _passé composé_. N'oublie pas de faire l'accord.**

1. devenir   Mary Shelley _____ _____ une auteure célèbre.

2. rester   La créature _____ _____ tranquille toute la nuit.

3. sortir   Les tarentules _____ _____ de la terre.

Exercices de renforcement

4. naître   Frankenstein _____ _____ dans un laboratoire
anglais.

5. mourir   Esmeralda _____ _____ dans les bras de
Quasimodo.

6. tomber   La Belle n'_____ pas _____ amoureuse de la
Bête tout de suite.

7. retourner   Les requins _____ _____ à la plage pour
trouver d'autres victimes.

8. aller   Ann Darrow _____ _____ à Skull Island pour
tourner son film.

9. monter   King Kong _____ _____ au sommet du
gratte-ciel.

10. venir   Les créatures _____ _____ du centre de la terre.

B **Mets les verbes du paragraphe suivant au *passé composé*. N'oublie
pas de faire l'accord si nécessaire.**

Les fourmis gigantesques

Les fourmis <u>naissent</u>[1] après l'explosion d'une bombe nucléaire dans le désert.
Pendant la nuit, elles <u>vont</u>[2] vers le village pour trouver de la nourriture. Quand
elles <u>arrivent</u>[3], les habitants <u>sortent</u>[4] de leurs maisons. Terrifiés, ils <u>montent</u>[5] sur
le toit pour échapper à la mort, mais en vain. Après la destruction du village,
les fourmis, qui <u>deviennent</u>[6] de plus en plus folles, <u>descendent</u>[7] dans la vallée
pour trouver d'autres victimes. Heureusement, on <u>part</u>[8] avant leur arrivée.
Finalement, une dernière bombe <u>tombe</u>[9] sur ces fourmis gigantesques et
elles <u>meurent</u>[10]!

1. _____

2. _____

3. _____

4. _____

5. _____

6. _____

7. _____

8. _____

9. _____

10. _____

C Compose des phrases au *passé composé*. Quel auxiliaire : *avoir* ou *être*? Attention à l'accord!

1. La momie (sortir) _____ _____ de la tombe et nous

(mourir) _____ _____ de peur.

2. Les habitants du village (rester) _____ _____ dans leurs

maisons quand les tarentules (attaquer) _____ _____.

3. Godzilla (prendre) _____ _____ la pauvre femme dans ses mains

et il (monter) _____ _____ au sommet du bâtiment avec elle.

4. Les gorilles fous (arriver) _____ _____ dans la ville et ils

(terroriser) _____ _____ les pauvres enfants.

5. Le loup-garou (devenir) _____ _____ féroce et il (attaquer)

_____ _____ pendant la pleine lune.

D Mets les phrases suivantes à la forme négative.

1. Les monstres sont devenus populaires pendant les années 50.

_____

2. Frankenstein est né en Transylvanie.

_____

3. Godzilla est monté au sommet d'un grand bâtiment.

_____

4. Nous sommes allés au cinéma voir le nouveau film de vampires.

_____

5. Êtes-vous partis avant l'arrivée du requin?

_____

E Voici un extrait du journal de Mary McBain, une femme qui croit avoir vu le monstre du Loch Ness en Écosse. Choisis le bon verbe et mets-le à la bonne forme du *passé composé*.

aller	chercher	commencer	monter	partir	prendre
rester	regarder	repartir	sortir	tomber	

Exercices de renforcement

Hier matin, je _____ _____ très tôt au lac. Je _____ _____ vers 5 h 30 en auto. Il faisait frais et il y avait de la brume. Seule à la plage, je _____ _____ sur un rocher pour mieux voir. J' _____ _____ les jumelles de mon sac à dos et j' _____ _____ au loin. Soudain, une grosse forme noire _____ _____ de l'eau. J' _____ _____ mon appareil-photo mais sans succès. Mes jumelles _____ _____ par terre et j' _____ _____ à trembler. Quelques instants plus tard, la créature _____ _____ et moi, je _____ _____ là immobile, incapable de parler.

●UNITÉ 4 Sur la piste de la tomate carrée

A Mets les phrases suivantes au *futur simple*.

1. J'écris un rapport sur un sujet intéressant.

_____

2. Nous discutons de plusieurs possibilités.

_____

3. Julie choisit un thème pour son projet de sciences.

_____

4. Jean travaille au supermarché la fin de semaine.

_____

5. Ils prennent leur travail au sérieux.

_____

B Réponds aux questions suivantes. Utilise le *futur simple*.

Exemple : As-tu fini ton projet de sciences?

Non, je finirai mon projet de sciences demain.

1. As-tu commencé tes recherches?

_____

2. As-tu lu tes articles?

_____

3. As-tu pris tes notes?

_____

4. As-tu vérifié les faits?

_____

5. As-tu écrit ton brouillon?

_____

C **Mets les verbes du paragraphe suivant au _futur simple_.**

J'invente[1] un nouveau produit pour remplacer les tomates traditionnelles.
C'est[2] la tomate carrée. Il n'est[3] plus nécessaire de jeter à la poubelle les
tomates en mauvais état. Elles restent[4] sagement à leur place quand on les
range[5] au supermarché. Elles durent[6] plus longtemps et elles ont[7] meilleur
goût. On aime[8] aussi leur couleur. Tout le monde achète[9] mes super-tomates!
Grâce à elles, je fais[10] fortune!

1. _____   **2.** _____

3. _____   **4.** _____

5. _____   **6.** _____

7. _____   **8.** _____

9. _____   **10.** _____

D **Identifie le temps des verbes dans les phrases suivantes. Si le verbe
est au _présent_, écris P. Si le verbe est au _passé composé_, écris P.C. Si
le verbe est au _futur simple_, écris F.S.**

1. Le gouvernement encouragera les recherches scientifiques.   [ ]

2. Nous sommes allés à la bibliothèque pour faire notre projet.   [ ]

3. Rentre-t-il en retard de son travail au supermarché?   [ ]

4. Les hivers seront plus chauds à l'avenir.   [ ]

5. Allez-vous au travail après les cours?   [ ]

Exercices de renforcement

E **Complète les phrases suivantes avec un mot de la liste.**

car   c'est-à-dire   donc   et   mais   ou

1. Tu peux faire tes recherches sur Internet _____ tu peux aller à la bibliothèque.

2. On chasse les éléphants africains pour leurs défenses, _____ leurs longues dents d'ivoire.

3. _____, je suggère qu'on évite les pesticides autant que possible.

4. J'ai bien travaillé aujourd'hui. J'ai terminé mes recherches _____ j'ai commencé mon brouillon!

5. La prof a bien aimé mon projet, _____ elle a fait quand même des suggestions.

●[UNITÉ 5] Aventure en tempomobile

A **Écris le bon pronom sujet sur les tirets.**

1. André revient avec une casquette de baseball. _____ appartient à Hank Aaron.

2. Veux-tu aller dans les pyramides? Oui, _____ m'intéressent énormément.

3. Regarde le voleur! _____ se sauve avec un sac d'objets en or!

4. J'ai trouvé une clef, mais _____ n'ouvre pas la porte.

5. Anne-Laure cherche des trésors. Elle pense qu'_____ sont cachés dans les pyramides.

6. Avez-vous fini vos itinéraires? Oui, et _____ seront très intéressants!

7. Comme souvenir nous apportons une peinture. _____ est belle, n'est-ce pas?

8. Les ados ont assisté à un match de basket-ball. _____ l'ont beaucoup aimé.

9. Où sont les allumettes? _____ sont dans mon sac à dos, je pense.

10. Nous entrons dans une salle énorme. _____ est vraiment magnifique!

B Voici un exemple du journal intime d'Anne-Laure. Récris le texte sur une feuille de papier en remplaçant les mots soulignés par un pronom d'objet direct. Attention à la place du pronom!

Le 17 juillet 200 avant J.-C.   La Vallée des rois

Nous voyons un homme sortir d'une tombe. Je regarde cet homme attentivement. Il porte un gros sac. Quand il nous voit, il laisse le sac par terre et il part en courant. Nous décidons de prendre le sac avec nous car il contient quelques beaux trésors en or. Nous voulons garder ces trésors comme souvenir de notre visite. Une fois que nous sommes dans la tombe nous voyons plusieurs portes. Nous choisissons une porte et nous ouvrons cette porte. Là, devant nous, il y a une chambre immense avec toutes sortes de figurines en or. Moi, je veux mettre toutes ces figurines dans notre sac, mais ce n'est pas possible. Il y a aussi des bijoux, mais je n'aime pas ces bijoux – je ne trouve pas ces bijoux très beaux. André choisit une figurine et il met la figurine dans le sac. Moi, je cherche un collier. Je voudrais offrir ce collier à mon amie comme cadeau d'anniversaire. Voilà le collier! Le cadeau idéal. Je prends le collier et je mets le collier avec les autres trésors. Quel voyage incroyable!

C Lis le paragraphe suivant. Quels mots est-ce que les pronoms (les mots soulignés) représentent?

Nous regardons le navire devant nous. Il[ex] est énorme.

  - Excuse-moi! dis-je à un jeune homme de mon âge. Comment s'appelle ce bateau?

Il[1] me regarde, surpris.

  - C'est le Titanic, voyons! Tu ne le[2] connais pas?

  - Si, si, je le connais.

Je chuchote quelques mots à Anne-Laure. Il pense que nous[3] sommes naïfs. Partons vite!

  - Attends quelques minutes, André, répond-elle.

  - Je m'appelle Philippe, dit le jeune homme. Est-ce que vous[4] prenez aussi le bateau?

Nous le[5] regardons, perplexes.

  - Tu le[6] prends, ce bateau?

  - Oui! C'est le meilleur au monde! Il a une piscine. Je veux absolument la[7] voir! Et son restaurant est célèbre. Je suis sûr que je vais l'[8]aimer.

On entend crier «tout le monde à bord!»

   - Peux-<u>tu</u>[9] nous donner d'autres détails avant de monter? Peut-être que nous embarquerons aussi!

<u>Il</u>[10] reste avec nous et, heureusement, manque le bateau!

ex. il = _____ *le navire* _____

1. il = _____   **6.** le = _____

2. le = _____   **7.** la = _____

3. nous = _____   **8.** l' = _____

4. vous = _____   **9.** tu = _____

5. le = _____   **10.** il = _____

D **Complète les phrases suivantes en choisissant un mot dans la liste.**

le mieux	bonne	meilleurs	mieux	la meilleure
les meilleures	meilleures	bons	bonnes	meilleur

1. Mon voyage à travers le temps a été bon, mais ton voyage a été

   _____.

2. Même si ta cabine est _____, ma cabine est meilleure!

3. Les repas servis sur mon navire sont bons, mais vos repas sont

   _____.

4. On s'amuse bien en troisième classe, et on s'amuse mieux en deuxième

   classe, mais on s'amuse _____ en première classe.

5. La cuisine italienne est bonne, la cuisine chinoise est meilleure, mais la

   cuisine française est _____.

6. Le chef de mon navire cuisine bien, mais ton chef cuisine

   _____.

7. Nous avons de bonnes inventions, mais ils ont de _____

   inventions.

8. Nos itinéraires sont _____, mais vos itinéraires sont meilleurs.

9. Les chaloupes ici sont _____, mais ces chaloupes sont meilleures.

10. Mon père raconte de bonnes histoires, ton père raconte de meilleures histoires, mais le père de Josée raconte _____ histoires.

UNITÉ 6 Soirée des étoiles

A **Réponds aux questions suivantes. Utilise *lui* ou *leur* dans ta réponse.**

1. Parles-tu <u>à tes parents</u> de la soirée des étoiles?

Oui, _____

2. Offrez-vous des fleurs <u>à la chanteuse</u>, vous deux?

Non, _____

3. Est-ce que je téléphone <u>au journaliste</u> avant le spectacle?

Oui, _____

4. Souhaites-tu la bienvenue <u>aux spectateurs</u> avant le commencement du spectacle?

Non, _____

5. Donnons-nous les billets d'entrée <u>à ce jeune garçon</u>?

Non, _____

B **Remplace les mots soulignés par *lui* ou *leur*. Attention à la place du pronom!**

1. Je vais demander <u>aux membres du comité</u> d'écouter ce disque.

_____

2. Nous ne parlons pas <u>au jongleur</u> pendant qu'il se prépare.

_____

Exercices de renforcement

3. Le comité organisateur a écrit une lettre <u>aux participants</u> avant le spectacle.

_____

4. Vas-tu téléphoner <u>au danseur</u> pour confirmer sa participation?

_____

5. Le reporter a posé beaucoup de questions <u>au magicien</u> après son numéro.

_____

6. J'ai dit <u>à Rose</u> de finir la sculpture sans moi.

_____

7. Nous n'avons rien dit <u>aux critiques</u> au sujet de notre soirée.

_____

8. Expliquez-vous votre tableau <u>au journaliste</u>?

_____

9. Veux-tu parler de ta danse <u>à mes amis</u>?

_____

10. Elle commence à expliquer la situation <u>aux acteurs</u>.

_____

C **Quel pronom remplace les mots soulignés? Coche la bonne case.**

	le	la	l'	les	lui	leur
1. Je ne connais pas bien <u>ce chanteur</u>.	☐	☐	☐	☐	☐	☐
2. Allez-vous écrire <u>aux artistes</u>?	☐	☐	☐	☐	☐	☐
3. Vas-tu parler <u>à cette vedette</u>?	☐	☐	☐	☐	☐	☐
4. Je n'ai pas encore entendu <u>leur CD</u>.	☐	☐	☐	☐	☐	☐
5. Voici <u>mes suggestions</u>.	☐	☐	☐	☐	☐	☐

D Récris le paragraphe suivant sur une feuille de papier en remplaçant les noms soulignés par *le, la, l', les, lui* ou *leur*. Attention à la place du pronom!

Pour notre soirée des étoiles à l'école, c'est à moi de trouver les artistes. Un ami a suggéré un jongleur. Je connais <u>ce jongleur</u>. Je téléphone <u>au jongleur</u> et j'invite <u>ce jongleur</u> à faire un numéro. Je demande <u>au jongleur</u> s'il connaît d'autres groupes. Il mentionne un groupe de danseuses montréalaises. Je ne connais pas <u>ces danseuses</u>. J'écris une lettre <u>à ces danseuses</u> et j'invite <u>les danseuses</u>. Je dois toujours trouver un dernier numéro. Ce soir, je vais participer à un concert où une chanteuse apparaît pour la première fois. Si elle est bonne, je vais demander <u>à cette chanteuse</u> de chanter pour nous aussi. J'ai invité des amis à venir écouter <u>la chanteuse</u> avec moi. J'espère qu'elle chante bien!

E Réponds aux questions suivantes selon l'exemple.

Exemple : Joues-tu du trombone? (la flûte)
<u>Non, je joue de la flûte.</u>

1. Est-ce que René joue du saxophone? (la guitare)

_____

2. Chantal et Nadine jouent-elles du trombone? (l'accordéon)

_____

3. Est-ce que ta sœur joue du piano? (la batterie)

_____

4. Est-ce que vous jouez de la mandoline, vous deux? (le piano)

_____

5. Est-ce qu'Aurélie joue de la flûte? (le violon)

_____

F Complète les phrases suivantes. Choisis *du, de la, de l'* ou *des*.

1. Pendant mon temps libre, j'aime faire _____ artisanat.

2. J'ai pris un cours où nous avons fait _____ mimes.

3. Cet été, mes amis vont faire _____ photographie.

4. Fais-tu souvent _____ couture?

Exercices de renforcement

5. Mon frère aime faire _____ tours de magie.

6. Je fais _____ théâtre après l'école.

7. Les petits enfants aiment faire _____ magie.

8. Connais-tu _____ tours de cartes?

9. Nous avons fait _____ patinage sur le canal Rideau.

10. Allons-nous faire _____ musique aussi?

UNITÉ 7 Canal animal

A Qu'est-ce que le pronom *y* représente? Écris la réponse à côté de la phrase. N'oublie pas la préposition dans ta réponse.

Exemple : Je m'y lave les mains. _dans la salle de bains_

1. On y achète les livres. _____

2. Tu y stationnes ton auto. _____

3. Nous y allons pour voir des animaux. _____

4. On y va quand on a besoin d'argent. _____

5. Tu y prends un repas quand tu n'es pas chez toi. _____

6. Tu y dors. _____

7. On s'y brosse les dents. _____

8. J'y vais pour voir un film. _____

9. Nous y allons pour voir une pièce de théâtre. _____

10. Les élèves y vont pour apprendre. _____

B Réponds aux questions suivantes selon l'exemple.

Exemple : Qu'est-ce que vous verrez à Québec?
J'y verrai les plaines d'Abraham.

1. Qu'est-ce que vous achèterez en Floride?

_____

2. Qu'est-ce que tu verras à Paris?

_____

3. Comment est-ce que nous voyagerons à Calgary?

_____

4. Qui est-ce que tu rencontreras à Hollywood?

_____

5. Que feras-tu à Buffalo?

_____

C **Réponds aux questions suivantes par une phrase complète. Utilise le pronom _en_.**

Exemple : Combien de sœurs as-tu? – _J'en ai une._ ou _Je n'en ai pas._

1. Combien de chiens as-tu? _____

2. Combien de zoos penses-tu qu'il y a en Europe? _____

3. Combien de cinémas y a-t-il près de chez toi? _____

4. Combien de frères as-tu? _____

5. Combien de filles y a-t-il dans ta classe de français? _____

D **Remplace les mots soulignés par le bon pronom. Utilise _y_ ou _en_.**

1. Mon chien m'attend <u>devant le supermarché</u>. _____

2. Nous ne pourrons pas aller <u>au zoo</u>. _____

3. Je suis très fier <u>de mon chien Woofie</u>. _____

4. Tu n'es pas allé <u>chez le vétérinaire</u>. _____

5. Les girafes ne mangent pas <u>de viande</u>. _____

6. Cette chatte a beaucoup <u>de maladies</u>. _____

7. J'ai vu une émission formidable sur les animaux <u>à la télé</u>. _____

_____

Exercices de renforcement

8. La girafe est née <u>en Afrique</u>. _____

9. Le lion est heureux <u>d'être libéré</u>. _____

10. Je n'ai pas <u>d'animaux domestiques</u>. _____

E **Voici la réponse. Quelle a été la question?**

Exemple : <u>*Comment s'appelle ton chien?*</u> Mon chien s'appelle Woofie.

1. _____? Je suis né à Windsor.

2. _____? J'ai deux chats et un chien.

3. _____? Notre hamster a trois ans.

4. _____? C'est le 20 mai.

5. _____? Oui, je le connais.

6. _____? Parce que j'ai faim!

7. _____? On écrit avec un stylo.

8. _____? Nous allons au zoo en autobus.

9. _____? J'irai chez le vétérinaire jeudi prochain.

10. _____? Moi, j'ai dit cela!

11. _____? Il mange principalement de la viande.

12. _____? Je préfère l'éléphant africain.

13. _____? Nous avons peur des serpents.

14. _____? Son chien nage très bien.

15. _____? L'émission commence à 21 h 30.

UNITÉ 8 La vie en vert

A **Remplace les mots soulignés par le bon pronom disjoint.**

1. C'est <u>Luc</u> qui a encouragé le compostage des citrouilles.

_____

2. Je préfère travailler avec <u>les jeunes de mon âge</u>.

_____

3. D'après <u>Lili</u>, le programme LIFEboat a changé sa vie.

_____

4. Je voudrais bien travailler pour <u>lui et sa femme</u>.

_____

5. Ce sont <u>les filles de la classe</u> qui ont trouvé l'habitat des grenouilles.

_____

B **Complète les phrases suivantes en choisissant un mot dans la liste.**

> moi   moi   toi   lui   elle   nous   vous   elles   eux   eux

1. _____, j'organise une campagne de nettoyage du parc municipal.

2. _____, ils ont découvert une espèce de grenouilles très rare.

3. C'est _____ qui faites la première présentation, je pense.

4. _____ aussi, elles s'intéressent à l'environnement.

5. Tu travailles avec Philippe et Nina? Oui, j'aime travailler avec _____.

6. C'est _____ qui vais organiser la «journée sans voitures» dans la communauté.

7. C'est Paul qui a lancé ce programme de recyclage? Oui, c'est _____.

8. Elle pense que nous produisons trop de déchets. Je suis d'accord avec _____.

9. Venez chez _____ après les cours pour nous donner les détails.

10. C'est _____ qui dois préparer le sondage pour la classe de sciences.

C **Complète les phrases suivantes en utilisant _qui, que_ ou _qu'_.**

1. C'est un projet _____ m'intéresse beaucoup.

2. C'est une idée _____ j'ai depuis longtemps.

3. C'est un problème _____ nous touche chacun!

4. C'est un problème _____ il faut éliminer.

Exercices de renforcement

5. C'est un problème _____ nous ne pouvons pas résoudre.

6. Voilà la solution _____ je considère la plus pratique.

7. Ce seront nos enfants _____ profiteront de nos actions.

8. Prends la brochure _____ nous donne des suggestions concrètes.

9. Les actions _____ vous prenez aujourd'hui vont nous aider demain.

10. Voilà le laboratoire _____ fait l'analyse de l'eau.

D **Combinez les phrases avec le pronom *qui* comme dans l'exemple.**

Exemple : C'est un problème. Ce problème concerne tout le monde.
          <u>C'est un problème qui concerne tout le monde.</u>

1. C'est un lac. Ce lac est très pollué.

_____

2. Je cherche un sujet. Ce sujet intéresse tout le monde.

_____

3. C'est un bon projet. Ce projet aidera beaucoup de Canadiens.

_____

4. Nous avons organisé une collecte de fonds. Cette collecte de fonds a été un grand succès.

_____

5. Elle pense à une idée. Cette idée nous encourage.

_____

E **Combinez les phrases avec le pronom *que* comme dans l'exemple.**

Exemple : C'est une question. Tout le monde pose cette question.
          <u>C'est une question que tout le monde pose.</u>

1. C'est une espèce. Il faut protéger cette espèce.

_____

2. C'est un problème. Nous devons considérer ce problème.

_____

3. C'est une bonne brochure. Tout le monde devrait lire cette brochure.

_____

4. Voilà le dessin. Nous avons fait ce dessin.

_____

5. Voilà les suggestions. Je fais ces suggestions pour préserver l'environnement.

_____

F **Combine les phrases comme dans l'exemple.**

Exemple : Les bouteilles sont vides. Je recycle ces bouteilles.
          Les bouteilles que je recycle sont vides.
          Je recycle les bouteilles qui sont vides.

1. Je prépare un discours pour ma classe de sciences. Il sera très intéressant.

_____

_____

2. Nous analysons l'eau. Cette eau vient de notre lac.

_____

_____

3. Ma classe organise un programme de recyclage. Ce programme va aider à protéger l'environnement.

_____

_____

4. Ils ont inventé un baladeur. Ce baladeur n'a pas besoin de piles.

_____

_____

5. Je présente un sujet. Il nous concerne tous.

_____

_____

Exercices de renforcement Copyright © Addison Wesley